中国武術秘訣

太極拳・君子の武道

清水 豊
Yutaka Shimizu
著

BNP
ビイング・ネット・プレス

はじめに

中国でも十四世紀以降、明や清の時代になると武術に関する文献が多く著されるようになった。これらは『武編』や『陣記』のように兵法書としてか書かれた文献の中に武術の内容を含むものもあれば、『秘本単刀法選』や『少林寺棍法図説』のように武術書として書かれたものもある。わたしは、こうした文献を武術古典と総称することとしたい。現在の武術は、徒手が中心であり、槍や棍それに剣などの武器についての古典を研究をしてもあまり意味がないと思われるかもしれないが、太極拳や八卦拳も、こうした過去の武術の「理」を受け継ぐことで、はじめて高度な徒手技法を構築することができたのである。確かに槍「術」や剣「術」の技法そのものが、太極拳や八卦拳において、そのまま使えるわけではない。しかし、攻防の「理」ということ、つまり攻防の「法」というところまで還元すれば、それはそのまま太極拳や八卦拳の練習に大いに参考にできるのである。また、こうした練習は数千年にもわたるであろう長い中国の精華を取り入れることを可能とするものでもある。

今回は明代の武術古典である『武編』『陣記』『剣経』『秘本単刀法選』『少林棍法図説』『渾元剣経』を中心に秘訣を抄録している。また全体のバランスを考えて一部に清代に著された『内家拳法』や優れた武術古典として有名な『手臂録』をも取りあげている。これらから五十七則を「初伝」「中伝」「奥伝」に分けて掲載しているのである。それぞれの「則」は、独立性が強いので読者はどの部分から読まれてもよいであろう。あるいは、日々の稽古の前後に無作為にページを開いて、そこを読んでもよいであろう。本文中では太極拳や八卦拳に資する旨を掲げているが、形意拳、合気道などの武術においても共通する秘訣であることは言うまでもない。これらの武術は、心身のバランスを保つことを重視する。また人の争いに限るのではなく、大宇宙や内的な世界の調和をも視野に入れている。攻防だけではなく、生きること全般にかかわろうとする修練を実践しようとする場合には極めて参考にされるべき秘訣集なのである。

「初伝」では、主として肉体の鍛錬に関する秘訣を扱っている。武術の修練において、肉体の鍛錬は重要なパートをしめている。これは攻防だけではなく、健康上にも重要なことであるし、精神を養う上でも土台となるものなのである。また肉体の鍛錬は、一定の基準の中においてなされなければ心身の調和を得ることができない。肉体の鍛錬は、ランニングや筋肉トレーニングなどをして、精神の修養は瞑想をするというような方法は適当ではないのである。あくまで武術の形なら形を練る中での鍛錬でなければならないのである。

次に「中伝」では、攻防の秘訣について触れている。健康法であっても、精神の鍛練であっても、武術を基礎として心身を練る場合には、攻防の視点を欠くことはできない。太極拳の愛好者の中には「健康法として練習しているので推手はやらない」という人もいる。しかし、これでは太極拳で真の健康を得ることはできない。あくまで太極拳ではなく、体操一般として健康が得られるにすぎないのである。また、攻防についての心得は日常の生活においても役に立つものである。他人と対するときには、こうした心得があることで争いを避けることも可能となろう。武術における心身の鍛錬は、ただ稽古の時にのみ行われるのではない。日常生活そのものが修練の場とならなければならない。「中伝」においては、生活のあらゆるシーンが稽古の場となる秘訣を学ぶことになる。

最後の「奥伝」では、精神を養うときの秘訣を集めている。これは「養生」につながるものである。武術の基本となるのは「養生」である。あるべき心身の調和を保って、楽しく生きることがそのベースとなるのである。こうした調和のとれた状態のことを太和という。太和は「大和」と同じである。日本人が古くから自らを象徴する言葉として使っていた「大和」は、おおいなる調和を意味する語なのである。そうした意味においても、おおいなる調和という世界の人々に普遍的な価値を求める武術は、日本人が古来より重んじてきた生き方の実践に大きく資するところのものなのである。

中国は歴史の長い国であり、広大な版図を有する国でもある。今回紹介できたのは、中国の近世・明代を中心とする古典のみであった。機会があれば近現代や古代中世の文献も紹介したいと思っている。また日本の古典にも興味深く、味わいのあるものがある。

最後になったが、表紙には前回の『老子と太極拳』に引き続いて薬師寺一彦氏の作品を使わせて頂いた。今回の「sprit of O」(個人蔵)は、自然の中で深い思索を巡らせている感じが、大変に面白いと思っている。この作品からわたしは太公望・呂尚のイメージを受けた。自らが活躍する「時」まで、悠々自適として釣り糸を垂れて思索を楽しむ人がそこにいるように思われたのである。こうした境地は、まさに太極拳や八卦拳のそれと同じである。君子の武術の修練にあっては、修練そのものを楽しむことを第一として、それによって攻防の力や健康や悟りなどを得ようとすることを目的とするのを良しとはしない。ただ平穏な日々を生きることを楽しむのである。そこにこそ武術の無限の楽しみがあるからである。

薬師寺氏は作品制作が忙しくなかなか太極拳の練習に来られないが、奥様の阿由子さんは熱心に太極拳を学ばれている。おもしろいことに時に薬師寺氏を見ると、太極拳の修行の進展がうかがえるのである。ご自宅で折にふれ夫妻で練習もされているそうであるが、その進展は「気の同調」とも言うべきものと思われる。鄭曼青は、一家の主婦が太極拳を修めることの重要さを説いている。それは、柔らかで静かな気が、その家庭に満ちるようになるからであろう。もちろんこれは妻に限ったことではなく、夫が太極拳を修めても同じである。鄭曼青が特別に主婦と言っているのは、二十世の初めの中国では、まだまだ女性が太極拳を習うという風潮が少なかったので啓蒙的な意味合いも含めてのことであった。薬師寺夫妻にもそうした太和の気を感じることができる。

今回も各方面でお世話になった志田富子さんは、太極拳の修行を始められてから夫妻で百観音を巡られたという。百観音とは観音霊場の百の寺院を参拝することである。そのことは東京新聞（二〇一四年五月二日「新緑味わう三十四カ所巡り」）でも紹介され「山の上まで徒歩で参拝した苦労話など語り合う二人の顔は穏やか」とある。記者に与えた穏やかな印象こそは「太和の気」の涵養によるものとするることができるであろう。現在は百不動を巡られているらしい。太極拳の修行が太極拳だけで終わるのではなく、巡礼という形で夫妻で実践されるのもおもしろいと思う。こうした太極拳の深め方もあるのである。

また本文中の示演は水口英彦氏にお願いした。氏は文武両道の達人で、いろいろな武術にも深い造詣を持っておられる。書籍、映像、武器など膨大な資料を海外にまで求めて真摯な研究を続けておられる。これまでもしばしば氏の協力により研究を進めることができた。今後の大成を期待したいものである。

本書が武術の修練を通して自分と向き合い、自然と対話をして、限りない楽しみを得る一助となることを期待して筆を置くこととしたい。

清水 豊

目次

第二章　中伝篇

第三章　奥伝篇

第一章◉初伝篇

一則　中段は構えの王である

四平は、また四平を用いて破る。
（中段は、中段をして破る。）

武術の中には、いろいろな構えをとる門派がある。また、構えは必要ないとして特定の構えをとらない門派もある。

しかし、古今東西の武術を見ていると、やはり構えの基本となるのは、中段の構えであることが分かる。形意拳《けいいけん》では、子午樁《しごとう》といって、もっぱら構えを練る。八卦拳の走推掌《そうすいしょう》も、歩きながらではあるが、もっぱら構えを練ることは、形意拳と変わりがない。蟷螂拳《とうろうけん》は、創始者の王朗が蟷螂《かまきり》の動きを見て発案したとされる。その根本となるのが蟷螂《とうろう》捕《ほ》蟬式《ぜんしき》である。王朗は、中段の構えを新たに考案することで、実戦拳法として後に名を馳せる蟷螂拳を作ることができたのである。

中段の構えは、武術の動きの根本であり、奥義でもある。これを破るにはどうしたらよいのか。それはやはり、中段の構えをもってするしかないのである。

「四平は、また四平を用いて破る」

『少林棍図説』では、棍法の中段（四平）は、中段をして破るより他は無い、と教えている。究極の構えである中段は、他の構えで破ることはできないのである。その詳細についても同書では述べられている。

「棍は、中四平をもって諸勢の王となす。もって、その機の変は測《はか》りがたきなり。しかして彼我《ひが》をして、みな四平なるは、何をもってこれ勝《まさ》れるや」

棍は、中段の構えである中四平が、あらゆる動きの王とされている。そして、その変化を予測することは困難をきわめる。そうしたなかにあって、相手も自分も四平の構えであった場合に、どのようにしたら利を得ることが可能となるのか、という疑問である。

この答えとしては「彼、四平を捨てて、他勢に変ずるを待つ」こととしている。つまり四平を破ることは、基本的にはできない、ということである。相手が四平をよく理解、あるいは体得できておらず、それを捨てた時に勝機が現れるとするのである。八卦拳の推掌や形意拳の子午樁は、ただ一定のポーズとして、「構え」として練ったのでは意味がない。「その機の変は測りがたきなり」とあるように変化のできる「構え」でなければならないのである。

中段の構えでの「機の変」を練るために八卦拳では、走圏《そうけん》といって円周上を歩きながら練ることをもっとも重要と教える。これが走推掌である。形意拳では、劈拳《へきけん》の動きの中でこれ練る。劈拳は、形意拳の基本である「起落（上下の動き）」「翻讃《ほんさん》（ネジリながら突き上げる動き）」がよく含まれている。子午樁をこのように変化させることができて、初めて中段の構えの意義が生まれてくるのである。

八卦拳推掌

形意拳三体式

八卦拳、形意拳の「中段の構え」

このように中段の構えは、「機の変」を含ませることができなければならない。たがいに四平の構えをとった時に、先にこれを崩してしまうのは、四平の中に「機の変」の含まれていることが、よく分かっていないからである。ただ、ある程度、四平の意義を会得している相手であれば、簡単にその構えを捨てることはない。

「巧を取りて入り、空に乗じて発す」

これが大切なのである。「巧」によって相手の四平を捨てさせるのである。そしてスキ（空）に乗じて攻撃をするのである。ただ、「巧」といっても、具体的にはどのような方法を用いればよいのであろうか。

「彼の槍発すれば、我が槍は拿《だ》す。彼の槍動かざれば、我が槍は扎《さつ》す」

相手が攻撃してきたなら「拿」を用いる。相手が攻撃をしてこなければ「扎」を用いる、とある。「拿」も、「扎」も基本的には「巻き込み」の技である。「拿」は、相手の攻撃の勢いを受けて押さえるようにして、その勢いを殺す技である。「扎」は払うようにして、巻き込むことで、相手の攻撃を封じる技である。「拿」と「扎」を用いることで、相手の四平を破ることが可能となるのである。

いうまでもないことであるが、これは棍法に限ったことではない。拳であっても、「拿」と「扎」を使えば、相手の構えを崩すことができる。八卦拳では、こうした動きを纏綿掌《てんめんしょう》とする。纏綿掌は、八卦拳の奥義の技で、これを知る人も少ないであろうし、これを会得している人もなかなかいない。

高四平勢

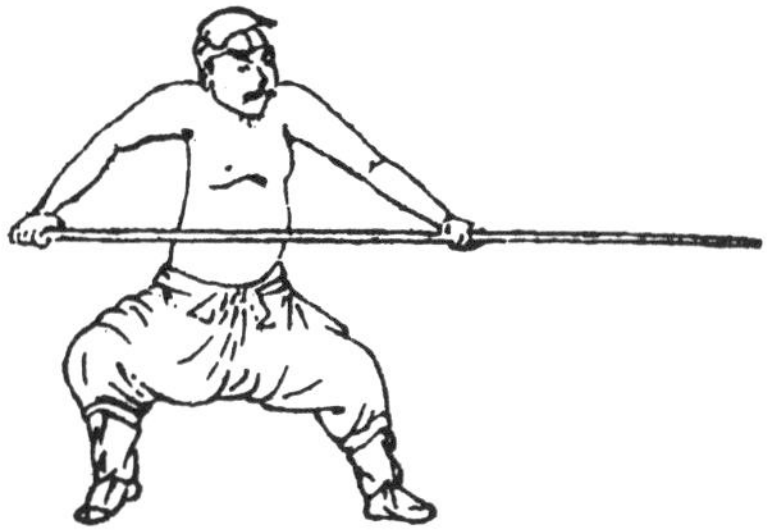

中四平勢

低四平勢

槍の「中段の構え」

纏綿掌は『少林棍法図説』でいう「拿」と「扎」をともに含む動きである。これを使えば、堅固な中段の構えも崩すことが可能となる。

形意拳では「起」と「落」が、「拿」と「扎」にあたる。相手が攻撃してきた時には「起」で対する。この時に歩法と、「ネジリ（翻讃）」をうまく使わなければ、なかなか「起」が成功することはない。相手が堅固な構えをとっている時には、「落」を用いる。「落」でおもしろいのは、十二形の虎形である。虎形は、両手で打つ技と思っている人が多いが、これは「落」の技なのである。ために形意拳家の陳泮嶺は、自身が普及に努めた双辺太極拳の攬雀尾の按に虎形を入れたのである。本来の太極拳では、攬雀尾は初めに両手で押さえて、次に両掌で前に押す形になっている。ここに虎形が入っているのは、本来の虎形に下に崩す動きが入っているためである。

中段の構えは、もっともオーソドックスな構えである。しかし、その変化の奥義を知る人はごく少ない。奥義とは、隠された秘伝の中にあるのではない。一見してだれもが知っているようなものの中にこそ本当の奥義はあるのである。

二則　徒手で武器を使う

およそ武備の衆器、妙用なきにあらず。

（あらゆる武器には、特別な使い方がある。）

よく八卦掌（八卦拳から派生して一般に広まった）は、攻防において掌しか使わない、という人がいる。しかし、およそ実戦でそのような制約のあることは非常に不利である。世に八卦掌として広まっているものは、八卦拳の一部が流伝したものであって、その練功にあっては、掌だけではなく、当然のことに拳をも多用する。八卦掌の真伝が得にくいとされるのは、八卦拳の中の掌だけを使う部分のみが流伝したためである。掌だけを使っての武術は成り立たないので、いくら八卦掌の体系の中に「答え」を見いだそうとしても、それは不可能なのである。

合気道にあっても、合気道がもっぱら手の操作を使う崩ししか用いないところに大きな疑問がいだかれる。柔道のように足を使っての崩しもあった方が、より実戦に対応できるように思われるからである。これは、本来合気道が剣術のやわらであったことが原因とされている。両刀を帯びた状態では足技は使いにくいし、刀を抜いた時にそれを制せられた場面での対処を剣術のやわらでは主体として

跨剣勢

高探馬

いるために、相手を投げるという発想が根本的になかったのである。合気道（正確には合気道の源流の大東流）が近現代になって、やわら（柔術）として出発する時に、投げや固め技への展開をしてくるのであるが、植芝盛平は、こうした技が実戦では使えないことを知って、実戦では当身を使うことを提唱していた。実戦において重要なことは、自分に制限を設けない、ということである。八卦掌であるから、掌だけを使って攻防をしていたのでは、なかなか優位に攻防を展開することはできない。合気道であっても、投げや固め技に執着していたのでは、なかなか相手を制することはできないのである。『少林棍法図説』には、

「およそ武備の衆器、妙用なきにあらず」

とある。攻防においては、徒手だけではなく槍や棍、剣、刀など、いろいろな武器が使われる。「武備の衆器」とは、そうしたものである。ちなみに日本では、一定の形状をした武器がほとんどであり、特殊な形状のものが考案されることは少なかったようである。特異な形に特異な威力を求めるよりも、「使い方」の研鑽を積むことで優位を得ようとしたのであった。ただ『少林棍

鳳凰単展翅勢

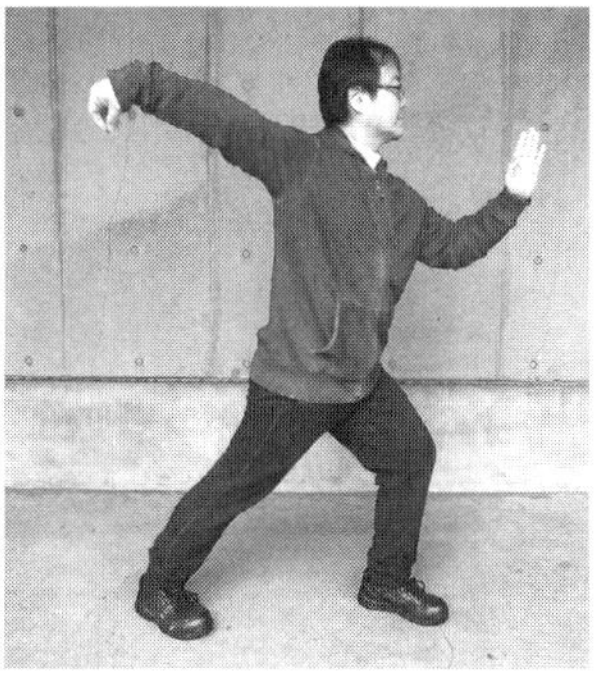

太極拳単鞭

法図説』でも「槍はすなわち芸中の王」とあるように、いろいろな武器の中でも最強の武器が槍である、と考えられていたようなのである。その中で棍は「芸中の魁首《かいしゅ》」とされている。「魁首」とは、第一ということである。

武術の中で第一に学ぶべきが棍であって、そこから拳や刀、剣そして、「芸中の王」である槍へと深めていくことができる、とするわけである。同書では、棍の四平勢は、拳の四平、槍の中平と共通するとある。これらは中段の構えのことである。

また、棍の跨剣勢《こけんせい》は、拳の探馬《たんま》、剣の騎馬分鬃《ぶんそう》と共通しているとする。太極拳にも高探馬があるが、右手、左足を前にして、相手を誘う勢いのあるところは共通している。

ほかには鳳凰単展翅勢《ほうおうたんてんしせい》が、拳の単鞭《たんべん》、関刀の勒馬登鋒《ろくばとうほう》と共通するとしている。関刀は、日本では長刀に近いものをイメージしていただくとよいであろう。これらは、左手で打つ技である。同書には、この技を使うのは「稀《まれ》」であるとする。棍法であるから棍を使うのが当然であるが、鳳凰単展翅勢では左手で打つ技であるからである。これは太極拳の単鞭でも同様である。棍

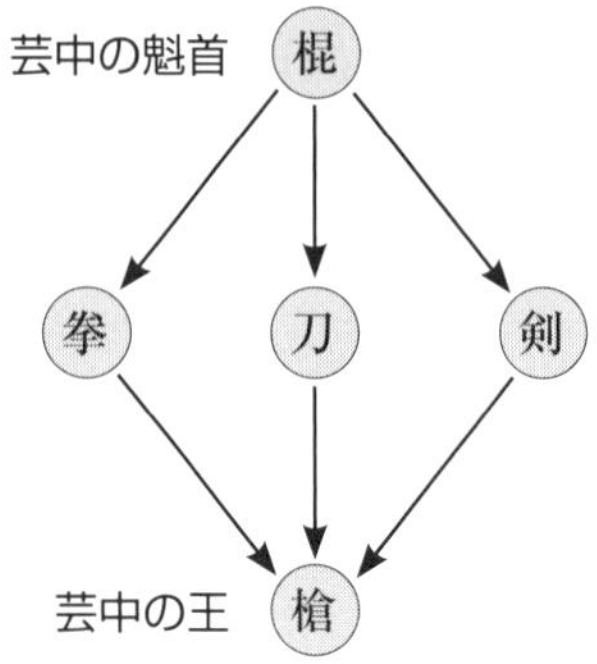

棍	跨剣勢	鳳凰単展翅勢
拳	探馬	単鞭
剣・刀	騎馬分鬃（剣）	勒馬登鋒（関刀）
太極拳	高探馬	単鞭

法の鳳凰単展翅勢は、間合いが急につまった時に用いる技である。入身などで、間合いを急に詰められた時には、棍の長さがかえって不利になる。そこで、棍にこだわることなく、手で打つ技を用いるのである。あるいは、小刀などを帯していれば、それを使うことも考えられる。

棍を使って体を練ると、手足のバランスを得やすい。槍は穂先の刃のある部分を使うことが主となるが、棍ではどの部位でも使うことができる。それだけいろいろな動きを練ることが可能となるのである。槍はいろいろな動きを収斂させて用いなければ充分な働きができないので、「芸中の王」とされるわけである。一方、棍はその動きの中に、拳や刀、槍などに含まれているいろいろな動きのバリエーションを有しているので、「芸中の魁首」とされるわけである。

「ただし身手足の法、多くは棍を外れることあたわず」

つまり、あらゆる武術の身法、手法、歩法は、棍の法に含まれている。棍法にある身法、手法、歩法を外れるものは存していない、というわけである。思えば植芝盛平も、晩年は棍法（棒術）の研鑽をしていた。合気道は剣の動きをベースとしているが、これが剣の裏技から徒手の武術として発展する時に、棍法が動きの核を作るのに有効であると感じていたものと思われる。

棍法において練られるべきは中段の構えであり、その変化である。棍法が中段の構えから、いろいろな動きへの変化を学ぶのに適しているのに対して、槍法は中段の構えに収斂させることを学ぶことになる。スペースの関係もありなかなか現代では練習することが難しい棍法であるが、拳術の基礎をつくる上でも棍法を有効に使うことは可能である。

三則　術と共に法を練る

槍に兼ねて棒を帯《たい》す。

（槍ばかりではなく棍をも持つ。）

河南省の嵩山《すうざん》にある少林寺は、現在では「少林拳」で知られている。かつて「少林寺」なる映画も日本で公開された。しかし、少林寺はもとは棍術で有名であったようである。一般的に近世以前は、実戦といえば槍か棍であった。思うに少林寺が拳で知られるようになるのは、南少林寺と関係があるのではなかろうか。南少林寺は福建省にあったとされる少林寺で、南派の名拳である洪家拳や白鶴拳など、ここにルーツを持つとする拳がいくつかある。

南少林寺は実在したわけではないが、どうやら異民族の王朝である清朝に反して漢民族の王朝である明を復興させようとする中で生み出されたもののようなのである。これを「反清復明」という。反政府的な運動であるから当然、秘密裏に武術も稽古されることになる。そうなれば槍や棍のような大きな武器よりも徒手・拳の練習が主になることであろう。こうした経緯から「少林拳」のルーツとしての「少林寺」は、本来は架空の「南少林寺」であり、これが本家の嵩山の少林寺と混同されることで、嵩山少林寺が「少林拳」のルーツのように言われるようになったのではないか、と考えるのである。ちなみに「少林拳」という門派はない。現在、少林寺で行われていたと思われる拳術は、大洪拳や小洪拳、羅漢拳などいずれも河南省あたりに伝わる拳術であって、少林寺に特有のものではない。

『少林棍法図説』では、少林寺の棍について次のように質問している。

「人は、ややもすれば少林棍を称す。いま、図訣を観るに、ともにこれ槍法たり。何なるや」

少林棍とは、よく言われているが、本の図や解説を見ると槍法のように見えるのはどうしたわけなのか、という問いである。その答えは以下の如くである。

「ゆえに少林三分は棍法、七分は槍法たり。槍に兼ねて棒を帯す。これ少林は棍中の白眉をなすなり」

少林棍は、三割は棍法であるが、七割は槍法である。槍法を含む棍法であるから少林棍は卓越している、との答えである。つまり、少林寺の棍法が槍を使っているように見えるのは、原理の七割が槍法に依存しているからなのである。

「槍に兼ねて棒を帯す」

とあるように、ベースは「槍」であり、それに「棒（棍）」が加わっているとするわけである。少林棍は、武器の中でも最も優れているとされる槍法の変化であるから、それを含んだ少林寺の棍法は卓越したものとなったのである。

同じ答えの中で、槍法の優れた点として、「打人、千を下すは、一扎《いっさつ》に如《し》かず」と言われていることをあげている。これは、千回も試合をして、それに勝つには「扎」を用いることである、という教えである。「扎」とは、巻き込む技である。ほかに「圏」などと言われることもあるが、槍法の基本であり、奥義となる技である。これを棍法のベースに持っているために少林棍は優れているのである。

少林棍法は、小夜叉《しょうやしゃ》、大夜叉《だいやしゃ》、陰手《いんしゅ》、排棍《はいこん》、穿梭《せんさ》によって構成されている。

小夜叉の夜叉とは「釈氏《しゃくし》の羅刹夜叉《らせつやしゃ》の称である」とする。羅刹も夜叉も、インドの鬼神である。夜叉は後に仏教に取り入れられて護法神となった。これにより、小夜叉は「護法を教えるをなす」とされる。つまり、小夜叉は防御を主体とする套路であるということである。小夜叉は六路ある。大夜叉も同じく防御の套路であるが、これは小夜叉よりもやや大きな動きとなり、これも六路を有している。小、大の夜叉では「神通広大、その心を降伏す」とある。心を練ることを主眼とした套路であることが示されている。

次には陰手である。これは「よく長棍を縮め短く用いるゆえなり」としてある。近い間合いの時の棍の使い方を練る套路である。陰手も六路ある。

そして、排棍であるが、「排」は破法であり、相手の攻防圏を破る技である。

「一上一下、一来一往、周旋回転す」

このように排棍が解説されていることからすれば、排棍は「扎」を主体とするものと解することができる。また、排棍については、

「しかしてこれは活法にして定勢なく、図を絵《えが》くことあたわず」

とある。活法とは自由に動くものである。一定の型がないのであるから、これを図に示すことはでき

ない、ということである。排棍はもとは六路であったが、現在は上、中、下の三路を伝えるという。

そして穿梭については、次のようなものとする。

「一伸一縮、左右前後、梭を穿つが如し」

これは突きの技を練る套路である。少林棍法が、槍を基本にしている、ということがこれからも分かる。そして穿梭についても、

「またこれ活法にして定勢なく、図を絵くあたわず」

としている。穿梭は一路を有するのみという。おそらく排棍、穿梭あたりが、槍法の色彩の強い套路であろうと思われる。もし、少林棍法に槍法の套路がただ混在しているだけであれば、少林棍法が棍法の「白眉」とされることはなかったであろう。少林棍法が、棍法の「白眉」とされるのは、優れた槍の術を、形のない「理」として取り込んだところにあるのである。これは、「術」と「法」の問題である。

棍法には棍法としての「術」もあるし、「法」もある。また槍法にも「術」と「法」がある。「術」と「法」は、切り離すことのできないものであるが、少林棍法で、棍の「術」と槍の「法」を一つにすることができたのは、棍の「理」が中段から多くの動きを生むシステムであるのに対して、槍の「法」は多くの動きを中段へと収斂させるシステムであるからである。簡単に言えば、棍の「理」が中段から始まり槍の「理」が中段にかえるものであるから、少林棍法をすぐれた一つのシステムとして確立することができたのである。

四則　筋骨と気血を練る

筋骨、活動すれば身、軽霊たり。気血、周身たれば力、加増す。

（筋骨が充分に動くようになれば、軽やかな身法を使うことができるようになる。気血が滞りなく全身を巡るようになれば、力も強くなる。）

よく太極拳や合気道では、「力を使わない」などと言う。しかし、中国で太極拳の名手とされている方々は、皆立派な体格をしている。合気道の植芝盛平は、まさに怪力の持ち主であった。若い力自慢が誰も抜くことができなかった木の根を、涼しい顔で抜いたという。

たしかに太極拳や合気道で養われる力と、重量挙げや空手で養われる力は同じではない。筋肉の作り方が違っているのである。重いものを持ち上げることで鍛えたような力は、太極拳や八卦拳では使えない。しかし気を使う内的な武術といっても、けっして力の鍛錬をおろそかにすることはできない。

「筋骨、活動すれば身、軽霊たり。気血、周身たれば力、加増す」

『渾元剣経《こんげんけんきょう》』では、力は筋骨ではなく、気血から得られるものとする。これが一般的な筋力の鍛錬とは異なるところである。気血を全身に巡らせるとは套路を練ることである。套路を練っていれば自ずから力が得られるのである。

八卦拳では八母掌という套路がある。これは筋骨を開き、気血の巡りを良くするエクササイズである。八母掌の要訣に「始めに力を練って、次に気（血）を練る。そして、力と気を一つにする」というのがある。八母掌は、八つのポーズをとって円周の上を歩く功法であるが、これらは言うならば、八つの印（ムドラー）であるということもできよう。心身の一定の状態を得るための八つの印を使って練るのが、八母掌なのである。

余計な力みを抜くことで筋骨が開かれる。この功法には「伸筋抜骨」の口伝がある。これは適度なストレッチをかけることで筋骨を開くことをいっている。このストレッチのかけ具合が口伝なのである。重要なことは、筋骨を開くと同時に気血の流れるルートである経絡も開かなければならない、という点である。ストレッチが強すぎると筋骨は開いて体は柔軟になるのであるが、かえって経絡を傷つけてしまうことにもなる。また、ストレッチが緩すぎると筋骨も経絡も開くことがない。

ちなみに太極拳でのストレッチの方法として「坐掌」の秘訣がある。これを使うことで、筋骨、経絡を開くことができる。太極拳を正しく修行しようとするのであれば、「坐掌」の秘訣を知らなければならない。

ただ筋骨を動かしたり気血の流れを促進したりすることは難しいことではない。しかし、筋骨と経絡を連動させて開くことは容易ではない。『混元剣経』では、具体的にどのように筋骨を活動させれば気血が全身に滞りなく流れるかを教えている。

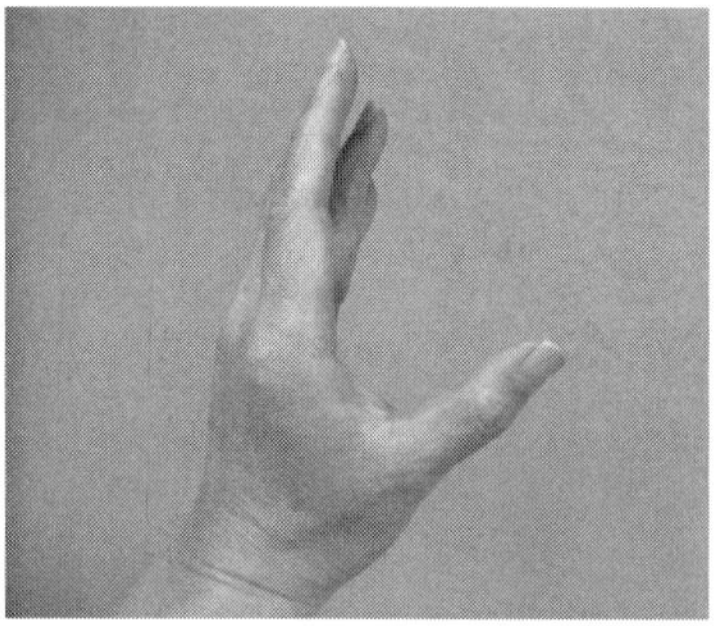

〈龍爪掌〉　八卦掌、程派の掌形

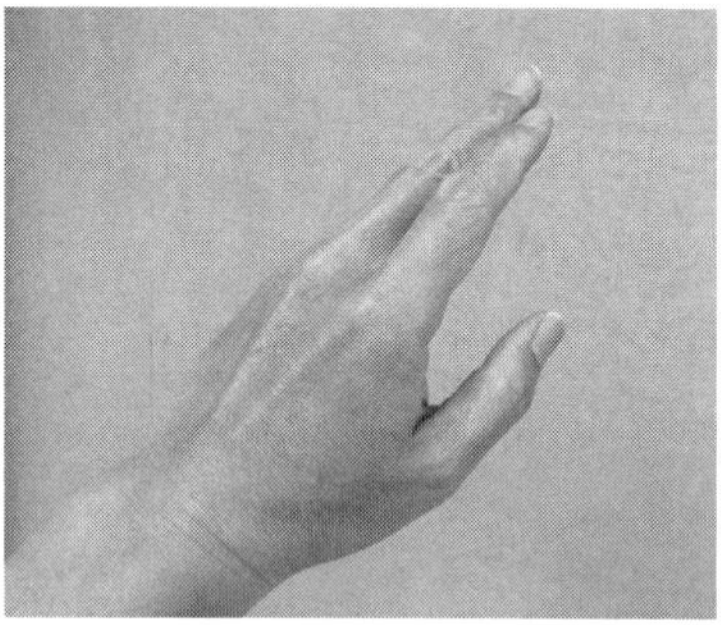

〈牛舌掌〉　八卦掌、尹派の掌形（八卦拳、太極拳、美人掌も同じ）

「妙は築基にあり。要はすなわち清心、寡欲たり」

筋骨を適切に活動させて気血を全身に滞りなく流す大基本は「築基」にある、とするのである。そして、その築基は「清心、寡欲」でなければ修することができない、と教えるのである。

くわえて築基の修行は「これ入道の機、成道の具」ともしている。「清心、寡欲」でいることは、道に入り道への悟りを得るための道具である、というわけである。こうしたことを太極拳では「鬆《しょう》浄《じょう》」と言う。これは、よけいな力を抜くこと、つまり「鬆」であることで心身の浄化がなされる、という教えである。

しかし、「鬆浄」の場合、ただ力を抜けばよいというものではない。鄭曼青《ていまんせい》は太極拳の奥義を「美人掌」として示している。美人掌は五指をゆるやかに伸ばした掌形である。力を抜きすぎると掌にした時に指が曲がってしまう。これは力の抜きすぎである。そして、あまりに強く手をはるのも、これは力の入れすぎである。また、親指を曲げると緊張が高くなりすぎる。適度にテンションを入れることで気血はスムーズに巡るようになるのである。

また、掌形を正しくすることで筋骨の動きも適切なものとなる。

掌形の変化

八卦掌		
尹福系	牛舌掌	鄭子太極拳「美人掌」に似る
程廷華系	龍爪掌	形意劈拳の掌形に似る

八卦門でよく言われるのは、尹派《いんは》の牛舌掌《ぎゅうぜつしょう》と程派《ていは》の龍爪掌《りゅうそうしょう》である。八卦拳を北京に伝えた董海川の筆頭弟子であった尹福《いんふく》の伝えた牛舌掌と、一般にもっとも広く伝えられた程廷華《ていていか》の龍爪掌が、よく対比されるのである。本来の八卦拳は牛舌掌を用いるものであるが、一般に伝えられた程派の系統の八卦掌（游身連環八卦掌《ゆうしんれんかんはっけしょう》）は龍爪掌を用いる。牛舌掌に較べて、龍爪掌は四指と親指が離れたやや力を込めた掌形となる。

八卦拳で牛舌掌（推掌）を用いるのは、これが龍爪掌と拳との中間の形であるからである。牛舌掌から親指にテンションを加え巻きこめば拳になる。反対に牛舌掌で小指にテンションを加えて開いていけば掌（龍爪掌）になる。一般に知られている八卦掌が「掌しか使わない」とされているのも、このようにすでに変化をしてしまった掌形である龍爪掌を使うからにほかならない。本来の八卦拳では、拳と龍爪掌の中間である牛舌掌を使うのである。つまり美人掌や牛舌掌は中庸の掌技なのである。一般に流布している八卦掌は、あくまで八卦拳の一部であり、掌法にのみ偏したシステムとなっている。

筋骨を適切に活動させて気血を滞りなく巡らせるには、それに適したシステムが使われなければならない。偏することのない中庸の動きで心身の働きを促すものでなければならないのである。

五則　功とは身体を開くことである

養うに随《したが》い、練るに随いたりて如《ゆ》くは、これを抽筋扒骨《はいこつ》と謂《い》う。
（功を養い、練って行き着くのは、身体を開くということである。）

少林拳の伝説に、少林拳は達磨の伝えた『易筋経』と、『洗髄経』から編み出された、とするものがあった。『易筋経』とは筋を易《か》えることの書かれたテキスト（経）であり、『洗髄経』とは髄を洗うことが記されたテキストであるとされる。そして、『易筋経』は外功、『洗髄経』は内功の奥義を伝えたものというのである。実際に『易筋経』や『洗髄経』があったかどうかは別として、中国武術の二本柱に外功（易筋）と内功（洗髄）があることは言うまでもないことであろう。

「養うに随《したが》い、練るに随いたりて如《ゆ》くは、これを抽筋扒骨と謂う」（『渾元剣経』）

これは功を養い、練るとは、つまりは「抽筋扒骨」である、ということである。「抽筋扒骨」は、一般に言われるところの「伸筋抜骨」と同じである。「抽筋」とは、筋を伸ばすことで弾性のある筋肉を得ることである。「扒骨」は関節を開くことで、これにより柔らかな動きが可能となる。「抽筋扒骨」を得ることで、柔らかで滞りのない動きができるようになるのである。

功を養うとは内面を練ることであり、功を練るとは外面を鍛えることである。内と外とがともに修練されることで、心身が開かれて、柔らかな滞りのない動きができるようになるのである。ただ内面だけを養って心を開くことができたとしても、体が開かれなければ心の境地を充分に体で表現することはできない。武術の奥義と禅の奥義は一つであるといっても、禅の修行だけをしていてそのまま武術の達人になれるわけではない。いくら心が機敏に動いて相手の心身の様子を知ることができたとしても、体の鍛錬をしていないと心の動きに体がついていかないものである。

また、肉体の鍛錬だけをしても内面に堅さや滞りが残っていれば、結局は反応が遅くなるので、十全に体の鍛錬が活かせないこととなる。易筋、洗髄と二つに区別されているが、実際の練習に際しては、易筋を充分に練るには洗髄がなされなければならないし、洗髄がある程度のレベルまで養われるには易筋を欠くことはできないのである。『渾元剣経』では、精神的なレベルでの修練である洗髄についても言及がある。

「精神、凝結して一団団《いちだんだん》、動静これ自然を貴ぶを為す。

随所往来、阻滞《そたい》なし、指点に任従して、先天に合《がっ》す」

精と神が一つになってまろやか（団団）となる。こうした状態であれば、どのようにも自在に動くことができて、それを阻害するものはない。自分の思うように動けるばかりか、先天の気と一体になっている。この詩にあるような境地、こうした心身のあり方が理想とされるのであろう。精は肉体的なエネルギーであり、神は精神的なエネルギーである。これらが一つになり、しかも先天の気とも融合をする。後天の気（精、神）と先天の気の合一である。易筋、洗髄は、先天の気と合一することで完成するのである。

先天の気と合一するとは、攻防へのこだわりがなくなる、ということである。これは、こだわりがなくなるのであって武術を捨ててしまうことではない。あるいは、先天の気と一つになった後、さらに熱心に武術に取り組むようにもなることであろう。また、それは生活そのものが、太極拳であり、八卦拳の修練であるようになることでもある。これは、自然な武術でなければそうしたことはできない。無理のある動きを日常的に行うことはできないからである。

「抽筋扒骨」とは、心身が開かれて自然な状態になるということである。これが自然と一つになることを目的とする太極拳や八卦拳の目指すところなのである。

六則　舒ばすこと、緩めることで力を得る

舒《の》ばすをもって、その筋を長くし、緩めるをもって、その力を蓄える。
（ストレッチを加えることで体は開き、緩めることで、活力が得られる。）

約二千年前の前漢時代の墓である馬王堆古墓より「導引図」が発見された。そこには、体を伸ばしているような動きをいくつも認めることができる。ヨーガでも同じであるが、体になんらかのストレッチを加えることが健康に良いことは、古くから知られていたのであろう。こうして筋肉に刺激を与えることは、筋肉を変化させるということにもなるので「易筋」などと称されてもいる。

ちなみに少林拳は達磨が教えた『易筋経』から生まれたとする伝説が、かつては広く信じられていたようである。これは単なる「伝説」にすぎないが、ある意味、少林拳が導引から生まれたとする「伝説」は興味深いものでもある。通常、武術は攻防の中から実際に闘って有効であった動きが技として集められてできたと考えられるのであるが、少林拳は導引から生まれたとされるのである。

また、少林拳には五獣拳（龍、蛇、虎、鶴、豹）があったとも言われている。これも「伝説」の一つであるが、五獣拳からは華陀《かだ》が考案したとする導引である五禽戯《ごきんぎ》（虎、鹿、熊、猿、鳥）が連想さ

れる。達磨がもたらした易筋経が五獣拳となった、ということであれば、五禽戯はそうしたものと同じような動物の動きによる功法であったと考えることができるのかもしれない。

達磨は易筋経という導引をもたらし、それが工夫されて五獣拳としてまとめられた。これは言うならば攻防に特化した導引とすることができるのかもしれない。攻防に特化した導引ということであれば、太極拳や八卦拳、形意拳などは、すべて攻防に特化した導引とすることができる。

導引と武術のミッシング・リンクを結ぶのは易筋と洗髄にあったのである。これらはともに達磨が少林寺に伝えたとされ、ある「伝説」では易筋が武術に、洗髄が坐禅となったという。また、易筋、洗髄もともに武術に受け継がれたとする考え方では、易筋が拳套（外功）に、洗髄が椿功（内功）になったとする。

それはともかく、易筋と洗髄、それと「動物の動きをまねる」ことはどのような関係にあるのであろうか。これは動物の動きをまねるのは動物の「性」と「能」を学ぶことである、とされるところにある。性質と能力である。「性」を開くのが洗髄で、「能」を開くのが易筋なのである。

形意拳の十二形拳は、龍や蛇、燕などのいろいろな動物の形があるが、一見するとどれもあまり動きが似ていないようにも見える。それは、高度な武術である形意拳では単なる動物の動きをまねるのではなく、動物の動きの持つ「性」と「能」を抽象化した形で取り入れているからに他ならない。そうであるから十二形拳を学ぶには、よく師からどのような動物の「性」と「能」が採られているのかの口伝を得る必要がある。『渾元剣経』には、

「舒《の》ばすをもって、その筋を長くし、緩めるをもって、その力を蓄える」とする教えがある。筋肉を伸ばすのは易筋である。そして筋肉を緩めるのは洗髄である。心が緊張していたのでは真のリラックスを得ることはできない。つまり心身が滞りなく開かれることで力が蓄えられる、というのである。こうした特別な力は勁と言われている。

よく太極拳や形意拳、八卦拳の修行者の中には、勁を発することが難しいと考える人もいる。ために楊家の太極拳よりも陳家の太極拳の方が実戦的である、との誤解も生まれている。陳家の「太極拳」は、通臂拳をベースにした発勁法を持っている。これはこれでよいのであるが、本来の太極拳の発勁法とは同じではない。

一般に力を出すには筋肉を緊張させなければならないと考えられている。しかし、太極拳や形意拳、八卦拳では、まず「舒」を第一に置く。これがあれば「緩」が得られる。「舒」と「緩」は、どちらも似たような意味であるが、「舒」には柔らかに開くという意味がある。「緩」は緊張をときほぐすとの意味がある。気を沈めるということである。「舒」が深まれば自ずから「緩」が得られる。これを太極拳では「鬆」と言っている。

太極拳や形意拳、八卦拳で、勁を発することを会得するには、力を発するという考え方をまったく反対の発想でとらえる必要がある。「舒」と「緩」による特別な力を発する方法のあることを充分に理解する必要がある。これを理解するのに数年はかかるであろう。こうした発想の転換をしなければならないところに、太極拳や形意拳、八卦拳を会得する困難さがあるのである。

七則　気を巡らせて力を得る

気おのずから周全たる。久しければ力おのずから加う。

（全身を自然に気が巡るようになる。そうした状態が長く続けば自ずから力を得ることができる。）

太極拳や八卦拳の套路をすぐに覚えてしまう人もいれば、なかなか動きが覚えられない人もいる。これは熱意の問題もあるが、だいたい同じくらいの熱心さで修行をしても、やはり違いが生まれるように思う。

どうやら、それは記憶のパターンによるようである。写真のように記憶をする人はすぐに動きを覚えることができる。しかし、流れとして覚えるパターンを持つ人はすぐには覚えられない。おそらく脳が処理している情報の量はどちらも変わらないのであろう。写真のように記憶する人は情報をあらかじめ限定して処理すると考えられる。一方、流れとして情報を処理する人は薄く広い情報を処理するので、一回ではなかなか個々に「形」になるほどの情報を積み上げられないと思われるのである。

しかしおもしろいことに、初めの三年くらいはこうした記憶の方法による差異が生まれるものの、十年くらいたつとほぼ同じになってしまうのである。写真のような記憶をする人はそれをある時点で改めなければならなくなる。大体において三年から六年あたりまでに流れで覚えるような方法を会得しなければ、小成から大成へ至ることはできない。写真を連続して見れば動いているようには見えるが、それは本当の意味での「連綿不断」にはなっていないからである。

ここでは、写真と流れというイメージで記憶の仕方について述べたが、写真のような記憶は、「言語化」した記憶であるということもできる。現代の教育は限定された情報を処理する速さと正確さを訓練するものである。これに対して太極拳や八卦拳は、情報を「言語化」しないで扱おうとするわけである。老子も「名の名とすべきは、常の名にあらず」と教えている。実体＝名ではない、ということである。言語化をすることでもれ落ちてしまう情報のあることを言っているのである。

太極拳や八卦拳は、言語化しないで状態を処理するためのテクニカル・タームとして「気」という言葉を使う。『渾元剣経』でも同じである。

「気おのずから周全たる。久しければ力おのずから加う」

気が滞りなく全身を周るようになる状態が長く続けば、自然に力も出るようになるというのである。太極拳や合気道などでは「力を使わない」ことを看板にしているので、力を持つことは好ましくないことのように考える向きもあるが、これは正しくない。気を練っていれば、自ずから力も出るようになるのである。興味深い会話が『合気道』（光和堂）に収録されている。植芝盛平と後に二代目道主となる息子の吉祥丸へのインタビューである。ここでは盛平が人指し指の先を机の端において、腕に青年を六人のせた、というエピソードについて語られている。この話を聞いた質問者が、「合気道は別として、先生は力も相当おありなんでしょうね」と言うのに対して、盛平は、

「力はそうでもない」

と否定している。ただ、腕の上に六人もの青年（陸軍戸山学校の生徒）をのせることができるのは普通ではない。「力がない」と言われても、とうてい認められないことであろう。これを吉祥丸は、

「力は確かにありますが、地力ではなく合気の気の力といふべきでしょう」

とフォローしている。ただ、「合気の気の力」と言われても、実体は分からない。盛平が使ったのは筋力であることに間違いはない。ただ、合気道や太極拳、八卦拳などの筋力の鍛錬は、「気」を通すことによるのであって、特別な負荷をかけて筋肉を緊張させることによるのではないのである。こうした特殊な鍛錬の方法を「気」や「合気の気の力」として、師は弟子に教えようとするわけである。教えられる側は、師の言葉によらない伝授のあることを知らなければならない。ここに留意できるようになって初めて気の力が出てくるのであり、大成への道も開けるのである。

　全身を気が巡るとは、心身にある程度のリラックスが得られるということである。適度なリラックスを得て無駄な力を使わないようになれば、動きに特化した筋肉が形成されるし、技の動きに適した筋肉の使い方もできるようになる。これが力が出るようになる、ということである。

八則　全身に気を巡らせて自ずからの功を得る

気周身を貫《つらぬ》けば、おのずか然《しか》るを期せずして然る。

（全身に気が巡るようになれば、なにも考えなくても、自ずから適切な結果が得られる。）

『渾元剣経』には、剣に「十三随」があるとしている。

（一）腰は背に随う
（二）背は腎に随う
（三）腎は首に随う
（四）首は肩に随う
（五）肩は肘に随う
（六）肘は腕に随う
（七）両腕は両掌に随う
（八）両掌は十指先に随う
（九）指先は足十指に随う

（十）足指は脛に随う
（十一）脛は両膝に随う
（十二）膝は臀に随う
（十三）臀は臂に随う

これは要するに、動きは全身の協調によって生み出されなければならない、ということである。先ずは、腰の動きは背の動きによって生み出される（一）とされる。腰は上半身と下半身の働きをむすび、コントロールすることのできる部位であり、武術に限らず演劇、スポーツなど体を使う分野では、いずれにあっても重要とされる。こうした腰を自在に使うには、背中が柔らかでなければならない。ために通背功などというものが特別にあるのである。

そうであるなら通背功を完成させるにはどうしたらよいのであろうか。それは、臂を開くことである（二）。

腰—背—臂

こうして、第一と第二の「随」をまとめてみると、これが馬歩の鍛錬に近いものであることが分かる。腰や臂を練り、背中を開くのが馬歩の鍛錬であるからである。馬歩は、ただ腰を落として足腰を鍛えているだけではない。腕の位置など適切な口伝を得ることができれば、馬歩はそのまま通背功の鍛錬となるのである。また、臂は静をもって養われるとされる。そうした意味でも、馬歩の鍛錬は重要といえるのである。

次に腎は首に随うとある（三）。これは太極拳でいうところの「虚霊頂勁《きょれいちょうけい》」である。首が適切な位置にあることで、勁が背中を貫くのである。背中に勁が通ることで背中は柔らかになり、さらには腰の細かな動きを腕などに伝えることができるようにもなる。首が適切な位置にあるには、肩がゆるん

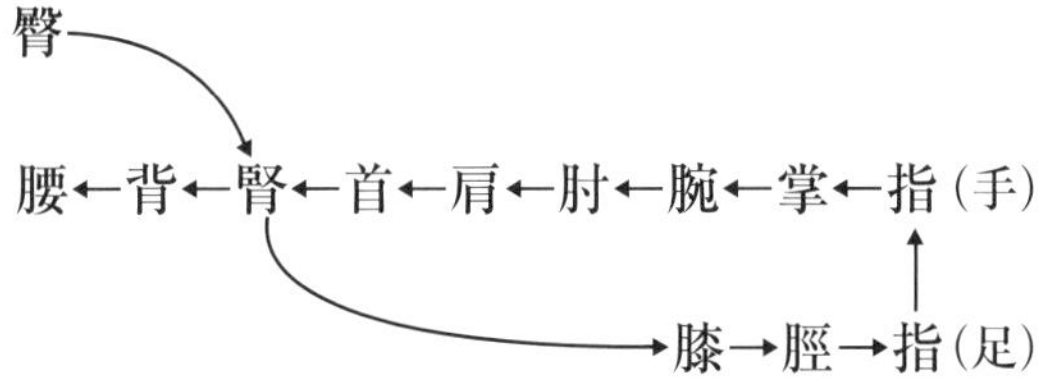

※腰、腎、臀は「腰間」として重視される

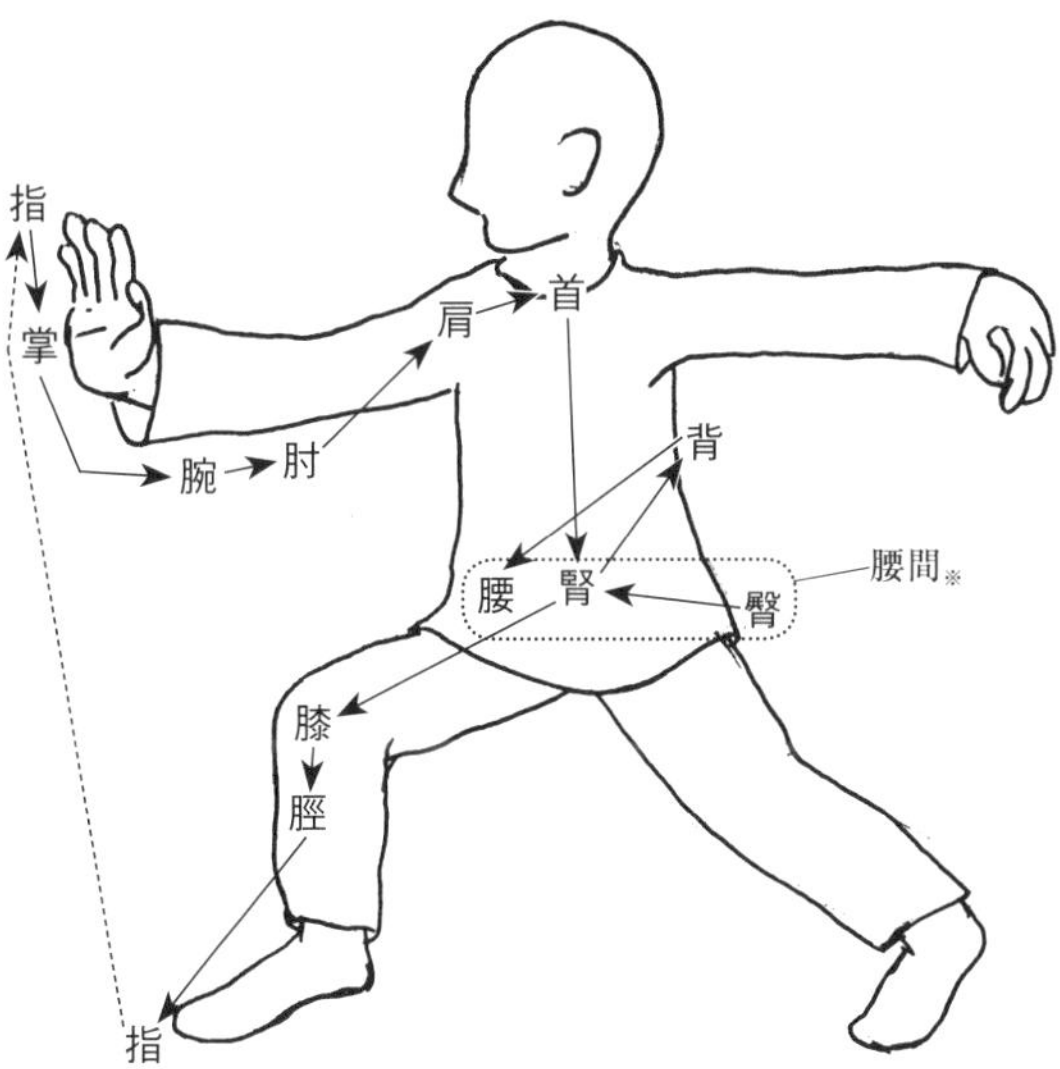

（右半身についての動きの関係性は図示していない。動きが発せられる時には矢印とは反対の動きとなる。）

で胸が適切に開かれていなければならない。これが、首は肩に随う（四）である。

胸を開くには、先にも触れたように腕の位置が重要である。肩は肘に随う（五）とあるのはそのことで、肘が下がりすぎたり、上がりすぎたりしていたのでは適切に胸を開くことはできない。肘は腕に随う（六）も、同じである。

臀―首―肩―肘―腕

これらは、まさに胸を開いて勁を上げることの重要性が述べられているのである。

武術の鍛錬では、よく気を落とすことの重要性が説かれる。沈身は重要な功であるが、これだけでは武術として動くことができない。霊活を得ることができないのである。気は落とすが、勁は上げられなければならない。ただ「気」や「勁」の具体的な状態については門派によって少なからず違いもあるので細かくはここで説明することができないが、簡単に言うなら気持ちは落ち着いて、体は自在に動ける状態と言えようか。

馬歩を鍛錬して、気が落ちて勁の上がる感覚を得たなら、套路の鍛錬に入ることができる。馬歩ばかりの鍛錬では、気を養うことはできても勁を練ることができない。心身の調整は、神楽で言うところの気を沈める「たましずめ」と勁を活性化する「たまふり」があって程よい状態を保つことが可能となるのである。

両腕は両掌に随う（七）から、両掌は十指に随う（八）とあるのは、八卦拳であればまさに八母掌の鍛錬とすることができるであろう。八母掌の鍛錬がなぜ拳でなく掌であるのか。それは、

腕—掌—指

の関連があるからである。細かな指の動きを使って心身の状態を調節するには、拳よりも掌が適していることは言うまでもあるまい。太極拳で掌が多用されるのも、全身の協調を作るために適切であるからに他ならない。形意拳でも根本の功を練る三才式では劈拳が用いられる。劈拳は形意五行拳で唯一掌を用いる形である。

そして指の動きは足の指先による（九）とされる。これは鶏足などと言われるもので、軽く地面を足の指でつかむようにする秘訣がある。足指は脛に随う（十）とされ、脛は膝による（十一）とある。

足指—脛—膝

太極拳でも「その根は脚にあり、腿に発し、腰が主宰す」とされる。太極拳の秘訣にある「脚—腿」は『渾元剣経』の「足指—脛—膝」と同じである。ちなみに「脚」とは足のくるぶしからつま先までの部分をいうものであるから、これは『渾元剣経』の「足指」とすることができるわけである。

また、こうした動きはどこから生まれるのであろうか。それは腎による（十二）とされる。そして腎は臀による（十三）となるのである。ここで改めて腎・腰・臀に帰ってくるわけである。腎、そして腰（臀）を練るとは、全身が協調して気や勁を養うための根本を練るということである。

「気周身を貫《つらぬ》けば、おのずから然《しか》るを期せずして然る」

と『渾元剣経』で教えていることである。これは、全身が協調して動いていれば、あらゆることがそれを求めなくてもできるようになるということである。植芝盛平も晩年は「心身の統一」ということを重視していた。心身の統一とは、全身に気が滞りなく巡ることである。太極拳の鄭曼青は、五絶老人とよばれ「詩文、書法、絵画、武術、医術」の分野で卓越した能力を持っていた。どうしてこうした複数の分野で卓越した能力を発揮し得たのかについて鄭曼青は、「太極拳を修行していたから」と答えている。

これが「気周身を貫けば」である。心身があるべき状態になれば、本来発揮されるべき自分の能力が自ずから開かれてくるのである。鄭曼青も、筆の勢いを得ようとして鉄で作った重い筆を使ってみたりしたこともあったらしいが、太極拳の勁を会得して、それによって字や絵を書くと勢いのある線を得ることができたと言っている。太極拳や八卦拳を修することで新たな感覚を得て、期せずして新たな自分の能力の向上を発見することは無上の楽しみでもある。

九則　気が沈めば軽やかに動くことができる

気いよいよ下《さが》れば、身いよいよ軽し。神、上に居れば、心に霊を生ず。精、常に固まれば、法、術行《おこな》わる。

（気が沈めば沈むほど体は軽くなる。意識が鎮まれば不可思議な感覚が得られる。肉体のエネルギーが適切であれば、滞りのない実践が可能となる。）

一般的に「文」は重んじられ、「武」は軽く見られる傾向がある。特に中国ではそうした風潮が強かった。文人には典雅なイメージがもたれ、武人は野卑なものと見られる風潮があったのである。日本では鎌倉時代から武家の政権が続き、文化教養を身につけた武人も少なくなかったこともあって、武人をことさらに低く見る傾向は中国ほどではないように思われる。

しかし、中国でも「文武の合一」ということを唱える人は、どの時代にもいたようである。「武」が低く見られたからこそ「武」を高めようと考える人がいたのであろう。「武」の中に「文」を含めることで武芸から道芸へと高められるとする考え方が、形意拳などにはあった（李仲雅『逝去的武術』）。

なぜ「武」は軽んぜられるのであろうか。それは「武」の行きつくところが、「殺人」であると考えられるからである。相手を倒すのは、「殺人」へのプロセスが途中で止められたにすぎない、と考えるのである。これに対して「文」は、儒教に代表されるように人が人としてあるべき姿を追究する道であった。「文」が重んじられるのは、人であれば誰もが望む「生」の道であるからであり、「武」が嫌われるのは「殺」の道にあるとされるからである。そこで、道芸では「生」の道としての武術を提唱しようとしたのであった。「生」の道としての武術とは、宇宙と一つになる、といった形而上の問題を追究しようとするものでもあった。

『渾元剣経』には三字訣が示されている。「清、浄、定」である。この三字訣は、心身を最も活性化させる秘訣であるとされる。まずは個々の字訣について見てみることとする。

「清字は、神、泥丸《でいがん》にあるなり。水、清く月の朗《あき》らかにして、風、軽く日暖《あたた》かなるがごとし」

泥丸とは上丹田のことである。神は意識をつかさどるエネルギーである。意識をつかさどるエネルギーが本来あるべきところである泥丸に納まっている、というのである。そうした時には心は清らかで暖かい気持ちに満ちている、とするのである。心地よい気候の晩秋の美しい月を眺めているような心境であろうか。これは、心になんらのわだかまり、滞りのない様子が示されているのである。次いで、「浄」字訣である。

「浄字は、一気、臍に到るなり。蓮華の浄を取るの意を思い看《み》るなり」

浄字訣では、気は下丹田に納まるとある。これも、あるべきところに納まる、ということである。その時、気は蓮の花のような清浄さを持つのである。『法華経』の「華」は蓮華のことで、原語からそのまま翻訳をすれば「清浄なる白蓮華」となるとされている。浄字訣は、こうしたイメージにも通じるものがあろう。太極拳では「鬆浄」をいう。鬆浄となり至柔を得ることで気は下丹田に鎮まる。これにより滞りのない「浄」なる状態が現れるというのである。

「定字は、一気、海底に至り、停住《ていじゅう》する。泰山の穏《おだ》やかなるを思う」

三字訣		八卦拳三空
清	泥丸	胸心の空
浄	臍	掌心の空
定	海底	足心の空

定字訣では、気は会陰《えいん》に留まることになる。これにより、おおいなるやすらかさが得られるのである。ここでは気とあるが、また会陰や下丹田に鎮まるのは精とされることもある。気（精）が会陰に納まることで至静が得られるのである。この三字訣をさらに説明したのが以下である。

「気いよいよ下れば、身いよいよ軽し。神、上に居れば、心に霊を生ず。精、常に固まれば、法、術行わる」

気が下丹田に鎮まれば、身法は軽やかなものとなる（浄字訣）。神が上丹田に鎮まれば、心は曇りなく鋭敏に働くようになる（清字訣）。そして、精（気）が安定して会陰に鎮まっていれば套路に含まれている技法や技術をよく使うことができる（定字訣）、というわけである。

太極拳では、五つの歩法（五歩）を、前進、後退、右転、左転、それに「定」を入れて、動きの根本をなすものとしている。「定」とは、ただ立つことであるが、その「秘訣」がまさに定字訣なのである。さらに言うなら清字訣は「鬆」の秘訣であり、浄字訣は「浄」の秘訣とすることもできよう。言うまでもないことであるが、太極拳の至柔は心に柔を得ることを第一とするのである。

八卦拳では「三空」を言う。掌心が空であり、胸心が空であり、足心が空であるとする。掌心の空とは「浄字訣」のことである。掌心とは掌の中央部にある労宮のことである。これを開くには、気が下丹田に納まっていなければならない。気が下丹田に正しく納まることで、活性化して全身に巡るようになるのである。

胸心の空とは「清字訣」のことである。これは、心の静を得ることである。心に静を得ることで、神は上丹田に納まる。これによって感覚が微細に研ぎすまされたものとなるのである。

足心の空は「定字訣」のことである。これは足の裏の中央部にある湧泉が開くことである。湧泉が開くには、沈身の功が得られていなければならない。沈身の功が得られてこそ本当の意味で、上丹田や下丹田が安定をするのである。足心が開かれると、その人の身はあたかも大地と一体となったような感じになる。あるいは根が生えたと言うこともできるかもしれない。まさに安定した「定」字訣のイメージそのままとなるのである。拳の戦法（法）や技術（術）を自在に使うには、沈身が会得されていなければならないのである。

十則　初めにエッセンスを学ばなければならない

芸を学ぶは、先ず拳を学び、次に棍を学ぶ。

（武芸を学ぶには、初めに拳を学び、次に棍を学ぶとよい。）

戚継光《せきけいこう》の『紀効新書《きこうしんしょ》』には、「拳法は合戦で使えるテクニックとしては関係がないと思われるが、手足の動きを活性化させて四肢を使うことに習熟できる」とある。合戦では、徒手で闘うことはまずない。槍や刀など武器を使うものである。そうした意味では、拳術を習得してもそのまま合戦で使えるということはないのであるが、体を使うことに習熟できるというメリットがある、としているのである。

今日からいえば、合戦で使えるようなテクニックは必要なく、むしろ四肢を充分に使えるようなエクササイズの方が求められている。『陣記』の著者である何良臣《かりょうしん》は、

「拳棍は、諸芸の本源なり」

と述べている。これは、拳術や棍術を会得していれば、刀や槍なども簡単に会得することができるということである。

「芸を学ぶは、先ず拳を学び、次に棍を学ぶ」

武芸の最初、第一は拳の修行にあるのである。『陣記』によれば、刀術は拳術の応用であり、槍術は棍術の応用と考えられていたようである。そしてそれらをさらに敷衍したところにいろいろな武器もあるとされる。つまり、すべては拳と棍の術に収斂されるというのが何良臣の持っていた武芸観のようである。

ここで何良臣は、当時の中国で知られていた武芸のいくつかを挙げて評をしている。

宋太祖の三十六勢長拳、六歩拳、猴拳《こうけん》、囮拳《かけん》

これらの拳の中には現在でもよく知られているものもあり、三十六勢長拳は太祖拳とよばれたり長拳と称されたりしている。また猴拳もいくつかの伝承がある。これらは現在一般に見られるような拳術といってよいであろう。これを何良臣は「勝ちを取るのすなわち一なり」という。つまり攻防に勝つことのできる方法の一つである、とするわけである。一般的な優れた武芸と認めているということになろうか。

次には、

温家の七十二行拳《こうけん》、三十六合瑣《ごうさ》、二十四棄探馬《きたんば》、八閃番《はっせんばん》、十二短

などが挙げられている。この中で温家の拳が今日「陳家太極拳」とされるものではないかとの説もある。それは陳一族の住んでいたのが河南省の温県であったからである。ただ温家とあるのは、普通であれば温という姓であると解される。

また「行拳」の「行」が、楷書、行書の「行」と同じような意味とすれば、途切れのない動きを特色とする拳術であったと考えることができるのも、「陳家太極拳」とむすびつく要因となっている。温家の七十二行拳が、「陳家太極拳」の源流かどうかは別にして、このカテゴリーではどうやら動きに特色のある拳術が挙げられているように思われる。

三十六合瑣の「瑣」には、細かな、という意味もあるので、細密な技を使う拳術であったであろう。二十四棄探馬からは太極拳の高探馬を連想してしまう。「棄」は両手で物を押しやるというのが、本来の意味であるから、やはり太極拳の高探馬のような動きに特色のある拳術であったのであろう。八閃番は翻《ほん》子《し》拳《けん》と同じとされている。これも腕を鞭のように使う独特の武芸である。十二短は、肘を主に使うものであろう。

これらについては「善の精なり」と評する。特に優れているというわけである。三十六勢長拳などの一般的な動きの武芸にくらべて、特殊な動きを持つ武芸をさらに優れたものとしているのである。

そして最後には、

呂紅《ろこう》の八下《はちげ》、綿張《めんちょう》の短打、李半天《りはんてん》、曹聾唖《そうろうあ》子《し》の腿《たい》、王鷹爪《おうようそう》、唐養活《とうようかつ》の拿《だ》、張伯敬《ちょうはくけい》の肘、千跌張《せんてっちょう》の跌《てつ》、童炎《どうえん》甫《ほ》、劉邦協《りゅうほうきょう》、李《り》良欣《りょうきん》、林琰《りんえん》

これらは、すべて一芸名人のようなカテゴリーであろう。「綿張」など、よく知られたあだ名であったように思われる。「綿張」ということからすれば、柔らかな技を使ったのであろう。そして短打と

あるから、至近距離での柔らかな攻防を得意とする張姓の人物がいたようである。「王鷹爪」は、鷹爪拳のような強い握力を持つ王姓の人物であったのであろうか。「拿」は逆技である。「肘」は肘打で、「跌」は投技である。これらについては、

「おのおの神授ありて、世に無敵と称す。しかるも皆その伝を失いて、所奥《しょおく》にわたるあたわず」

としている。つまり、たいへんな秘訣（神授）があって無敵と言われていた人たちであったのであるが、伝承は絶えてしまってその秘訣を知ることはできない、というのである。

ここで、何良臣が述べていることで分かるのは、一般的な三十六勢長拳のようなシステムは伝承しやすいが、綿張の短打などのような特殊な技術はそれがたいへんに優れたものであっても伝承され難い、ということである。この中で何良臣は、一般的であって特殊な武芸ではない温家の七十二行拳のようなものがもっとも優れたものと考えている。

それは、これらの拳が「善の精」なるものであるからである。「善の精」とは、良いもののさらにエッセンスということである。普遍的なもののエッセンスが重要なのであって、特異なものはどのように優れていても応用がきかないので、これを良しとしないのである。

武芸全体では、拳や棍が動きのエッセンスを示すものであった。重要なことは普遍的なもののエッセンスを知ることなのである。これは、特異、特殊なものではない。一見して等しく優れた技法であっても、普遍的なものから還元されたエッセンスは応用がきくが、特異なものはほかのシーンではまったく使えなくなる。

極意、秘伝の技によく「普通の技」が入っていることがある。これは、そこに示された「普通の技」こそが磨いて奥義に入ることのできる技であるからである。

付記

ちなみに第二則では初めに棍、次いで拳の順になっていた。『陣記』と『少林棍法図説』では順番が違っているが、棍→拳であっても拳→棍であっても要するに身体を練ることに優れたエクササイズである拳や棍を基礎とするという点において違いはない。

十一則　エッセンスを長く練ることが必勝への秘訣である

その精緻を取りて、久しかれば、すなわち自ずから無敵と称すべきなり。

（エッセンスを長く練っていれば、自然に無敵の境地を得ることができる。）

およそあらゆるシステムは時の経過とともに肥大化をしていくものである。これは会社などの組織でも同じことである。肥大化した組織の問題点を解消する時には、第一に「スリム化」が求められる。武術においても同様で、長い歴史の中にあって肥大化をすると套路が増える傾向があるようである。八卦拳には八宮拳という八種類の拳があったとされるが、今日伝わっているのはその内の数種類である。私見によれば、八宮拳は八卦拳以外の武術から優れた套路を後代に残すために考案されたのではないかと考える。

現在であれば、動画に残しておけば他の拳術の動きを知ることができるが、そうしたもののない時代には動きとして残しておく以外に方法がなかったのである。日本でも新陰流の九箇《くか》の太刀は、当時の他の流派の極意を集めたものとされている。武術の体系には、根本となる技と参考として伝えられている技とがある。もし大成を得ようとするのであれば、根本となる技をよく練習しなければならない。

「その精緻を取りて、久しかれば、すなわち自ずから無敵と称すべきなり」

『陣記』ではこのように教えている。「精緻」とはエッセンスのことである。これを長く練っていると無敵となるというのである。無敵とは、どのような敵にも対応することができるようになるということである。久しく練るのがエッセンスであれば、いかなる相手にも自在に応用して対することができる、というのが『陣記』での考え方である。

「その長短を酌《く》み、その花套を去り」

これは棍術について述べているのであるが、棍術の奥義に達しようと思うのであれば、まずはその「長短」をよく知らなければならない、とする。長短とは長所と短所である。棍は槍と違って刃がついていないのでより自由に使うことができる。また剣などにくらべて、遠い間合いで相手に対することができる。こうしたことが棍の長所である。

しかし、刃がついていないために殺傷能力は槍に劣ると言えるであろう。また、近くに入りこまれると長さはかえって不利となる。これが棍の短所である。

一つの「利」を得ようとすることは、中庸から「利」の方にかたよることである。そうなると「利」の反対に「害」も生まれることになるのである。棍は棍としての「利」もあるが、また棍としての「害」もある。これをよく知っていなければならない。

あらゆるシステムには、「利」もあり「害」もある。これをよく知った上で、自分にとって「利」をいかに使うかの修練がなされなければならない。ただやみくもに修練をしても大きな効果を得るこ

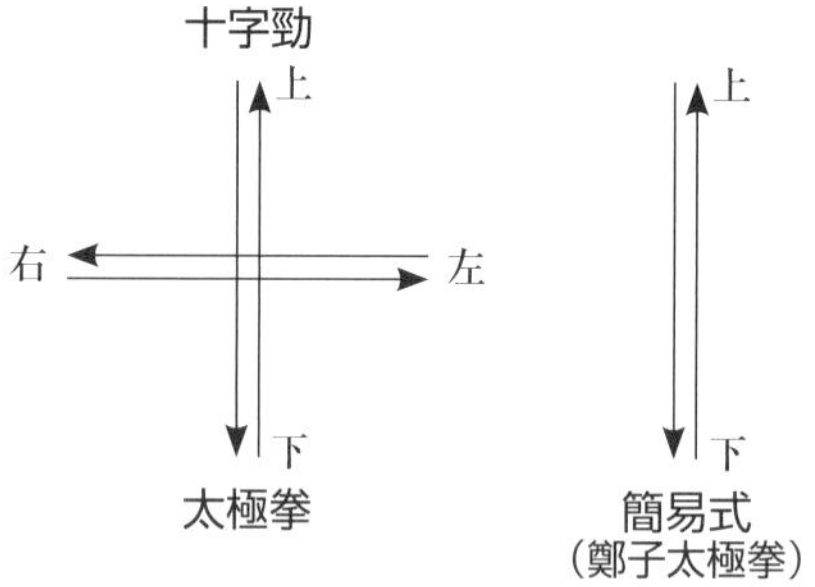

とはできないのである。

「利」を伸ばし、「害」を極力出ないようにするには、次の「花套」を去る、ということが必要となる。「花套」とは無駄な套路のことである。長い歴史を経るうちに、ただしく作用しないシステムが混入されていることがある。ただしく作用しないシステムも、あるいはそれを作った個人や時代にあっては有効に作用したのかもしれない。しかし、現実的な問題としてこうしたシステム（套路）を練るのは時間の無駄である。

余計な練習をしないということが、「精緻」を練るということなのである。エッセンスをよく練習すれば、効率的な練習となることは言うまでもあるまい。

鄭曼青は、太極拳のエッセンスを練ることができるように簡易式を制定した。太極拳の套路は、精気神を練ることを第一の目的としている。これに後には、攻防の動きが加わった。精気神を攻防の動きにおいて練る中で得られるのが、太極拳の勁《ちから》である。

精気神を練るのは、周天と言われるような上下に気を巡らせる動きをベースとする。この上下の気の動きは、よく「清気は昇り、濁気は下がる」と表現される。これに攻防の動きが加わると、左右・前後などの動きが付くことになる。上下に、左右・前後などの動きが加わることで、十字の動きが生まれる。つまり、十字勁である。鄭曼青は、左右・前後の動きを少なくすることで、上下のみの動きを強調した套路を作った。

鄭曼青が簡易式で目指したのは、太極拳の拳祖である張三豊の套路・十三勢の復活であった。しかし、今日では十三勢がどのような套路であったのかはまったく分からない。ただし、原理的に考えれば原初の套路は純粋に太極拳のベースとなる精気神を練る動きでなければならないことは間違いのないことであろう。精気神を練る動きであるなら、左右・前後に展開する攻防の動きの少ないものであるはずである。こうした考えをベースに、いまに伝わる套路を精選、変化させたのが鄭曼青の簡易式であった。

システムのエッセンスとしては、形意拳では三才式、八卦拳では走推掌がある。「適要拳《てきようけん》」や「砲《ほう》捶《ずい》」といった形でエッセンスを提示している門派もあるようである。

武術の修練でもっとも重要なことは、最後にある「久しかれば」という部分である。三年や五年の修練では個々人の才能によりレベルの差が生まれるが、十年、二十年となるとその人でなければ得られない境地に至ることができるようになる。「味」が出てくるのである。「無敵」とは「敵」が無くなることでもある。言うならば攻防を超えた境地に入ることと解することも可能なのである。ここに大成を得ることになる。

大成を得るとは、自分の置かれている環境をよく知って、無駄なことをしなくなることである。エッセンスをのみ行えるようになることである。これを継続していれば独自の境地が得られるのである。

十二則　正しい志で中庸を得る

しかして必ず志の正しければ、のちに体は直《ちょく》たる。体が直なれば、のちに固《こ》を審《つまび》らかにす。固を審らかにすれば、のちに中《ちゅう》たるべし。

（志が正しければ、身法も正しいものとなる。身法が正しければ、エネルギーを適切に使うことができる。エネルギーを適切に使うことができれば、中庸を得ることができる。）

武術の修行といっても、特別なものではない。武術の修行とは行為の修行であり、行動の修行、運動の修行なのである。そうであるから、正しい武術とはあるべき日常生活となんら乖離《かいり》したものではない。人の日常生活の根底にあるのは、「生きる」ということである。これがなければ死んでしまうわけで、そうなると日常生活を営むことは当然であるができなくなる。

そうであるから武術の稽古も、「生きる」ということがベースになっていなければならない。相手を倒すのも、あるいは相手の生を断つのも、それは自分が生きるためである。ただ、現在は自分が「生きる」ためという根本が忘れられて、武術と言えばもっぱら相手を傷つけるもののように思われている。武術において相手を傷つけるのはそうしないと自分が生きていけない時だけである。

そうであるから武術の第一は、養生にある。自分の心身の健康を維持することが第一となる。「生きる」ということで、もっとも大切なのが健康である。こうした観点からすれば、太極拳でも八卦拳でも健康維持が修行の第一の目的となる。そして、この次にくるのが争いが起こらないようにすることであり、相手を制するのは武術としてはそうしたことの次にくるものなのである。この順番を間違えて相手を制するのを第一としてしまうと、武術としての本来のあり方を見失ってしまうことになる。

「しかして必ず志の正しければ、のちに体は直たる。体が直なれば、のちに固を審らかにす。固を審らかにすれば、のちに中たるべし」

このように『渾元剣経』では教えている。志が正しければ体が直となる。体が直であれば固を深く体得できる、ということである。体が直となるとは正しい身法が得られることである。そうなると太極拳でいうところの「虚霊頂勁」が生じる。神仙道では中脈（会陰《えいん》から頭頂へとつながる脈）が開く、ということである。ヨーガではクンダリニの覚醒である。

こうした現象は人が人として生きていくうえでの行為の基本となることなのである。そうであるから、太極拳は虚霊頂勁ができたところが小成となる。これは八卦拳でも同様である。正しい身法が得られてこそ、その後の微細な心身の調節も可能となるのである。

それでは、どうして志が正しければ正しい身法を得られるのであろうか。

「それ志は気の帥《すい》なり、気体の充《みつ》るなり。志の正しからざれば、馳《は》せる。なにをもって気を養わんや」

つまり、志とは気を導くものなのである。そうであるから正しい志を持っていれば気は自ずから正しく養われるのである。しかし、志が正しくなければ気は散じてしまう。気が養われれば気は満ちて「虚霊頂勁」が得られるのである。正しい志とはあらゆるものの生成を促すような気持ちである。言うなれば慈愛の心と言うことができようか。

じつは、ここに引いた一文と同じ内容のことが『礼記』に出ている。

「内志が正しければ、外体直たり。しかる後、弓矢は固を審らかにす。弓を持つこと久しくして固が審らかなれば、しかる後にもって中を言うべし」

これは弓矢の修練をして礼を学ぼうとする時の教えである。志が正しければ、構えも乱れのないものとなる。「固」とは「静」のことである。静かで安定した構えができるようになれば、「中」を得ることができるようになる。「中」は矢が「あたる」ということでもあるし、「中庸」ということでもある。つまりこれは、中庸が体得できれば正しく正確な射もできるようになる、ということでもある。このように礼にのっとった正しい志を持つことで、養生も攻防もともに高い境地に達することができるのである。

十三則　形にとらわれない

おのずからよく心、規矩《きく》の中にあるも、神は規矩の外に游ぶ。

（意識は、決められたように動いていても、心の働きのすべてが、その制約を受けることはない。）

武術には秘技、絶招《ぜっしょう》などというような特別な技がある。そして、それを体得すればどのような相手に対しても優位に攻防を展開できるとされる。また、個人の得意技が秘技、絶招とされることもある。日本でもっとも古い柔術の流派とされる竹内流には「中村留《なかむらどめ》」「玄蕃留《げんばどめ》」などといった技があるが、これは中村武太之助や高木玄蕃を仕留めた時の技であるとされる。

武術において技を学ぶとは攻防のパターンを学ぶということである。そうであるから、一般的にはより優れたパターンを、より多く学ぶことで優位に立てると考えるわけである。秘技、絶招といった技は、攻防においてもっとも有効なパターンということとなる。しかし、攻防はそのパターンを予想できればよいが、なかなかすべてのパターンを考えることは難しい。とくに文化的な背景が異なる場合には、動きのベースそのものが根底から違っているということもあるのである。例えば日本と朝鮮は近い位置にあるが、テコンドーの踵落としのような技は柔術や空手ではまったく考えられない技であった。

一方、太極拳や八卦拳の套路はそれを通して攻防のパターンを学ぼうとするものではない。従来の武術の見方にとらわれている人は、よく「太極拳の用法」を聞きたがる。また、一部の指導者は単鞭は「右手で相手をつかんで、左手ではね飛ばす」といったような解説をする向きもある。しかし、これは正しくは「用法」ではなく「運勁」を説明したものなのである。「運勁」とは動きの中に含まれている勢の流れを示すもので、実際に技としてそれを使う場合にはいろいろに変化をすることになる。太極拳では一定の形の運勁動作を「棚《ホウ》、攌《リ》、擠《セイ》、按《アン》、採《サイ》、肘《チュウ》、挒《レツ》、靠《コウ》」により攻防の技として変化をさせるのである。

「おのずからよく心、規矩の中にあるも、神は規矩の外に游ぶ」（『渾元剣経』）

「心」が規矩の中にあるとは、套路を練っているような状態である。心が套路に集中している状態である。そうした状態にあっても、「神」はそれにとらわれることがないというのである。「神」の働きが現れたものが「心」である。つまり意識である。人はあらゆる行動をする時に「意識」をもとに行動をする。しかし、その一方で「意識」の根源である「神」においては、意識にとらわれない部分、自分の動きを客観視できる「神」の働きが残っていなければならない。「神」と「心」がまったく分離していたのでは動きは散漫となる。しかし、完全に「神」と「心」が一つになっていると変化の余地がなくなる。

武術では「眼神」の重要性がよく指摘される。少林拳などでは睨むような「眼神」を用いることが良いとされている。これは「神」と「心」を完全に一つにした状態である。これに対して太極拳や八卦拳は、ただ柔らかに見ることが良いとされる。これは「心」の働きのほかに「神」の働きの余地を残した状態である。鄭子太極拳では、手の動きを眼で追うことをほとんどしない。これも神と心をあえて完全には一致させないようにしているのである。

どのように集中をするのか、これをよく留意して学ぶ必要がある。太極拳には太極拳にふさわしい「心」や「神」の使い方がある。八卦拳でも同様である。八卦拳は太極拳にくらべて一点への集中はかなり高くなる。それは八卦拳が硬拳であるからである。硬拳とは外見上は変化をしない拳のことをいう。このために高度な一点への集中を行うのである。八卦拳では接触した一点を変化させることで攻防の劣勢を挽回しようとする。ために少林拳のような集中はしない。

太極拳や八卦拳を修練するのは、日常生活において危機的状態におちいった時に、神の余裕、気持ちの余裕を持つことができるようにするためである。「心」と「神」を使いわけることでより周りを広く見ることができ、自分を見失うこともなくなるのである。

十四則　技に習熟して、心を静める

手をしてよく熟さしめ、心をしてよく静ならしむ。
（動きは習熟しなければならない。心はよく静でなければならない。）

攻防は「一手」で決まる。そうであるからレベル1の技を一〇個会得しても、レベル3の技を一個持っている相手にはかなわない。武術において重要なことはレベルをあげることである。形意拳の郭雲深《かくうんしん》は、半歩崩拳《はんぽほうけん》の一手をして中国全土で無敵であったという。たしかに半歩崩拳は、最初に両手を触れ合わせた状態から始める中国武術の試合では、かたちとして有利ではある。しかし、相手が半歩崩拳で来ると知っていてもそれを防ぐことができなかったともされているから、郭雲深が半歩崩拳になみはずれて習熟していたことは間違いあるまい。『陣記』でも技に習熟することの大切さが説かれている。

「手をしてよく熟さしめ、心をしてよく静ならしむ」

これは、槍術の修練について述べた部分に出てくる教えである。「手をしてよく熟さしめ」とは、技術を深く習得するということである。「心をしてよく静ならしむ」とは、まさに「静」を得る、と

いうことである。この一文の先には、

「およそ槍を学ぶは、先ず進退の身法、歩法と、大小門の圏《けん》をもって、圏串《けんせん》の手法に演熟すべし」とある。「圏」とは槍の穂先を回す技術である。これにより相手の武器を巻き込んで、こちらが突くのである。大門の圏とは大きく穂先を回すことであり、小門の圏では小さく回すことになる。こうした圏に進退の身法と歩法を加えることで「圏串の手法」が得られるのである。「串」とは貫くことであり、槍で突くことを意味する。

何事においても気持ちだけでは成就しないし、技術だけでも充分ではない。技術と気持ちがともに重なることで、事をなすことが可能となるのである。

儒家では易を重視する。大事に遭遇して心に迷いがあれば易をたてよ、というのである。易をたてるには易占の作法がある。それによれば易をたてる前に香を焚いて気持ちを鎮めたりしなければならない。つまり、易をたてるのは易占の結果が重要なのではない。易占を行うことのできる心の余裕を持つことが、正しい判断を下すうえで重要なのである。こうした心身の状態を得るために、危機的状態にあってあえて易占を行うのである。

易占の代わりに太極拳や八卦拳を練るのも、心の落ちつきを得るのに良い。大事の前に太極拳や八卦拳を練って心身を鎮めるのである。もしこうした鍛錬ができないようであれば、心に余裕がない証拠であるから充分に注意をする必要がある。

「ただし陣上に施すには、すなわち縮伸、騰挪《とうな》の機、少しく不便なると称す。ゆえに花法は必ず習うべからず。習いても、また用いるなきなり」

「縮伸」や「騰挪」の身法は非常に優れたもので、八卦拳ではこれを第一とする。「縮」は、身を縮めるようにして力を蓄える身法である。「伸」は、反対に身を伸ばすことで力を発する身法である。また「騰」は、軽やかな歩法、「挪」は、軽やかな身法のことである。こうした変幻自在の身法、歩法は武術にあってもかなり高度な技法とされる。しかし、隊列を組んで行う陣法にあっては、こうした変化の技法を用いる余地はないとするのである。陣法にあっては隊列を乱さないで動くことが第一となる。その場合には、変幻自在の武術はかえって使いものにならないのである。「花法」とは、必要のないもの、あるいは使えないものということである。個人の攻防であっては、非常に有効な技も、集団戦ではかえって知らない方がよいような技もあるのである。

武術を習う人の中には、特別な能力を身につけようとする人も少なくない。石や瓦を割ったり、離れたところに居る相手を触れないで倒したり、経穴を攻撃して死に至らしめるなどである。これらはただの伝説であったり、大道芸の類いで、ある種の仕掛けがあったりするものである。こうした武術の本道ではない「花法」によっていたのでは、心の平安を得ることはいつまでたってもできない。

優れた武術において示されている「自然な動き」に習熟する時、人は初めて心の平安を得ることができるのである。それは、心身が自然と一体となるからである。「花法」は、一見して優れた技のように見えるものである。ただこうした見せかけだけの技は、つまりは自然に反した技なのである。こうしたものを得たとしても、結局は偽りの結果を得るにとどまることになる。自然でないことは長続きしないし、心身のあるべき動きではないからどこかに無理が生まれる。これが、長い間には非常に好ましくない結果を招くことになるのである。

十五則　真伝を得る

教えの本は源を一にす。
（あらゆる教えの根源は、一つである。）

八卦掌は、太極拳、形意拳とならんで「内家拳」などと称されて、内的な力を主として練るものとされる。ただ、内的な力を練る門派はこの三派だけではないし、これらを「内家拳」というカテゴリーに入れるのは、実際に内家拳という門派があったことも踏まえて妥当ではないとする意見もある。

歴史的に八卦掌は形意拳に付属するかたちで流布することとなった。八卦掌は八卦拳から出たものであり、八卦拳の中の八卦掌部分がベースとなって広まったものである。通常、中国武術は「〇〇拳」という名称が付されるものであるが、八卦掌のみが「掌」を付す。これは八卦拳の二大体系である「八卦掌」と「羅漢拳」の一方によるためである。

また太極拳も、楊露禅《ようろぜん》が北京に伝えてから、呉全佑《ごぜんゆう》・鑑泉《かんせん》は呉家太極拳を、そして武禹襄《ぶうじょう》は武家太極拳を創案した。これらの太極拳は、それぞれに特色を持っている。套路の順序は同じであるが、個々

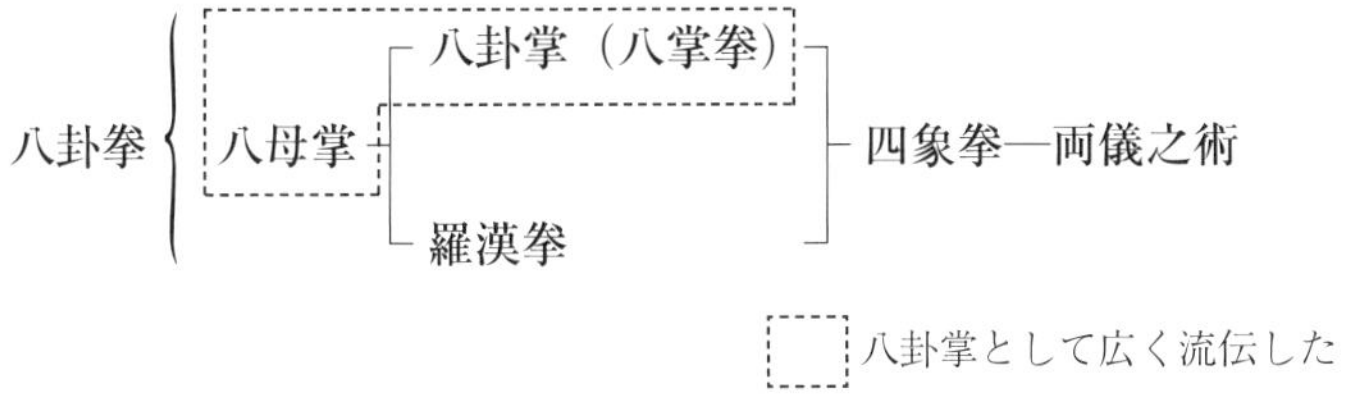

の動きは武家は小さく、呉家は前傾する姿勢をとる。また、露禅の子供たちにおいても、班侯《はんこう》と健侯《けんこう》では風格がかなり違っていたとされる。班侯は強い発勁を含む激しいものであったのに対して、健侯の演ずる太極拳は温和な風格を持っていたとされる。あるいは、これも「違った太極拳」と見えてしまうかもしれない。『少林棍法図説』にも、

「いま、少林棍を攻《おさ》めるは、人乏《とぼ》しからず。しかるに多くは同じからず。あに人に異なる師のあるや。師に異なる教えのあるや」

とする疑義が呈されている。少林棍を練る人は少なくないが、それぞれに違いが認められるのはどうしてか、というのである。これは、また学んだ師が違うためであるのか、あるいは違った教えがあるために生じたのか、とも問うている。これに対して程宗猷《ていそうゆう》は、

「教えの本は源を一にす」

と答えている。その根源は一つである、というのである。しかし実際の技法には違いが認められる。なぜであろうか。

「授くるは奇を尚《たっと》び、異を好む」

師が珍しい変わった技を教えてしまうことがある、というのである。これは弟子がそうした技を好むためもあるらしい。

「あるいはこの路頭をもって、かの路尾に混《ま》ぜる。あるいはかの路尾をもって、この路中に雑《ま》ぜる。はなはだしきは一路を分けて二路になす」（混、雑は原文のまま）

珍しい技を教えるだけではない。套路の初めのあたりと終わりのあたりを一つにして新しい套路を編むこともあったようである。こうして套路を増していくのである。または套路の終わりのあたりを一つの套路の途中に入れてしまう。これも套路が変わってしまう原因である。それだけではない。一つの套路を分けて二つの套路としていることもあるという。こうしたことは現在もあって、中国では套路や門派が増え続けている。日本の古武道も同じで、根拠もあいまいなまま「再興」された技も少なくない。

このようなことはたとえ源流は正しく一つであっても套路の乱れを生じてしまう。八卦掌における混乱は、それが形意拳家の中で伝えられたため術理が八卦拳ではなく形意拳に基盤を置くものとなったためである。程宗猷は述べている。

「世を惑わし、人を誣《あざむ》く。名を博《ひろ》くし、利を射《ねら》う。予、深く扼腕《やくわん》す」

世間を惑わして、人をだまして、名誉や利益を求めている。こうした指導者のいることを深く憤っているというのである。武術を教えるのも、言うならば一つの経済行為である。なかには偽りを教えて利を得ようとする者もいる。偽りの教えも時代を経ることで真偽が見え難くなってしまうことがある。現在では合理的に見えない技も、昔はそれなりに合理性があったのかと思ってしまうのである。

伝統的な武術を考える場合に重要なことは「源の一」である。どのように変わっていると思えるものでも、その根源には現代に通じる「一」なるものがあるはずである。円周上を歩くだけの八卦掌は奇異な武術と思われがちであるが、それも八卦拳においては直線的な一般の拳術と似た套路である羅漢拳を含むことが分かれば、その合理性が理解されることであろう。円周上を歩くのは扣歩《こうほ》と擺歩《はいほ》の練習であり、これは入身の練習なのである。

合気道で入身転換の練習をするのと同じなのである。これが八卦掌の走圏に入身転換の考え方がなければ、それがどのように攻防の技として展開していくのか見え難くなるのは当然のことなのである。

十六則　「理」に通じる

実にもって理に精《くわ》しきなり。

（本当に理に通じている人である。）

名著『少林棍法図説』を著した程宗猷《ていそうゆう》の人となりについて、弟子が同書の後書きで次のように述べている。

「吾、仲兄《ちゅうけい》の高人《こうじん》たるを知る。棍にあらざるなり。理なり」

師の程宗猷は「高人」であるという。「仲兄」とは次男の意である。宗猷は師であるから敬して直接にその名を言わないのである。「高人」とは、人品も高雅で教養もあって高い倫理観を持つような人のことである。弟子は、そうした人格を養ってこられたのは棍術の「理」に精通していたからである、というのである。反対に言うなら、棍術の「術」にのみ精通していたのではこうした高雅な人格を養うことはできなかったであろう、ということにもなろう。

また、程宗猷は次のように言っていたともある。

「庖丁《ほうてい》の牛を解くを見て、養生観をえた。大娘《だいか》の剣を舞うに、書法を知るは信なるや」

庖丁は『荘子』（養生主篇）に出てくる料理人である。庖丁は、魏の恵王の前で牛をさばくのであるが、その動きはあたかも殷の湯王の雨乞いの舞のようであり、堯の音楽を聴いているような心地よさがあったとされる。恵王がその卓越した「技」を誉めたところ、

「臣の好むところのものは道なり。技よりも進めり」

と答えたのであった。自分の良しとするのは「技」ではなく「道」であるというのである。最後に恵王は「吾《われ》、庖丁の言を聞きて、養生をえたり」と言ったとされる。程宗猷は、こうした話が本当のことであると自得したと語っていたのである。

ここにある「理」というのが「道」のことである。術の修行をもって棍を練るのでは武術の域を出ることはできないが、「理＝道」をもって棍を練れば、これは養生にもなるのである。養生とは自然と一体となって生きることである。これが生を傷つけることなく養う第一の方法と考えられていた。

養生は、また衛生とも言われる。養生も衛生も日本語にあるが、神仙道でいう場合には日本語の意味とはかなり違っている。養生は、病気の治癒のためや健康管理をいうのではなく、人としてより良く生きることをいうものなのである。それは自然と一体となって生きるということでもある。衛生も病気に関することではなく「生を衛《まも》る」ということなのである。生を衛るのであるから、これには武術なども含まれる。

もう一つは、大娘のエピソードがあげられている。これは書法に優れた唐の時代の人・張伯高《ちょうはくこう》に関するものである。張伯高は公孫大娘の舞う剣を見て「狂草」の境地を得たとされるのである。「狂草」

とは、自由闊達に書いた草書である。張伯高はこれを神筆と称していたらしい。このようなとらわれのない境地こそが自然であり、心身を養うもっとも優れたものであると程宗猷は考えたのであった。

「少林棍法は、本に背し、名をもとめるを忍ばず。心術、人品、また技芸の間《うち》に在らざるをたずぬ」

程宗猷は、少林棍法は本質に反して有名になることの許されるものではない、と言う。そして、心術や人品を養う方法は技芸の中にはないのに一般の人はそれを求めてしまっている、と教えるのである。心術や人品をたかめるような修行は技芸を超えたところにある、というわけである。それは「理」の中にあるのである。

しかし、この「理」も技芸を通じて得なければならない。技芸の習得は重要なプロセスであるが、終点ではない。

十七則　技の多すぎるのはよくない

法いよいよ多くして、槍いよいよ晦《くら》し。

（技が多くなればなるほど、槍の使い方は分からなくなる。）

さすがに名著とされるだけあって『手臂録』の著者である呉殳《ごしゅ》は、熱心に武術を学んだようである。その経緯についても同書では触れている。最初に師事したのは敬岩《けいがん》であった。敬岩からは基本である突き（戳）と払い（革）を二年習ったとする。この時には、技を学ぶようになってからも一つの技が一定のレベルに達しなければ次を教えてもらうことはできず、「半載《はんさい》中、伝うるところ多からず」という状態であったらしい。半年習ってもあまり多くは教えてもらえなかったのである。

敬岩のところでは、「手臂ほぼ柔塾《じゅうじゅく》を得たり」というレベルには達したものの、

「ついに槍に若干の法あるを知らず」

ということで、体はスムーズに柔らかく動けるようになったが、はたして槍術とはどのような体系を有しているのか全体像がつかめないでいた。つまり呉殳は、槍術においていまだ学んでいないことが多いのではないかと思っていたのである。

次には洪転之《こうてんし》から少林槍法を教えてもらう。そして鄭華子《ていかし》からは馬家の槍法を、倪近楼《げいきんろう》からは楊家、沙家の槍法を学んだ上に、敬岩の出身地である連城の韓氏の槍法をも修めたのであった。そして最後には峨眉の槍法までをも学んだという。

「ついに五百余法あり、またその中、多くは空疏《くうそ》にして、用いるに切ならず。もって皆、名家に出るをなす。あえて軽動せず」

最終的には五百もの技を覚えたとある。驚く限りである。武術を練習する人の中にはいろいろな技を覚えることで満足してしまう人もいるようであるが、呉殳はいろいろと技を覚えたものの、そのほとんどは実戦に使えるようなものではなかったとする。しかし、いずれも有名な門派であるので、軽々に捨ててしまうこともしなかったようである。

たしかに自らの知見が深まると、いままで無用、無価値と思えたことの中に奥深い価値を見いだすことのできることがある。呉殳の考え方は妥当なものと言えようが、それにしてもたくさんの技を学んだものである。

「法いよいよ多くして、槍いよいよ晦《くら》し」

当時の槍法の集大成とも言うべき学習をしてきた呉殳であるが、結局のところは、学べば学ぶほど分からなくなったとの感想をもらしている。このような感想を持つことは呉殳の武術センスが非常に優れたものであったためである。たとえば、陳家の「太極拳」と楊家の太極拳を同じ太極拳として学んで何ら矛盾を感じないような人は、ほぼ武術センスがないと思ってよいであろう。また、八卦掌で

呉殳が鄭華子から学んだ馬家の槍法

諾琵琶勢

美人許針勢

円周を歩くだけでその動きが攻防につながると思い込んでいるような人も、なかなかに救い難いものがある。たいせつなのは「違和感」を持つセンスと、できればそれを解決することのできるノウハウを探し当てる能力である。こうしたものがないと、いくら努力をしても、その人は大成を得ることができないであろう。

呉殳が感じた「違和感」については以下のように記している。

「すなわち槍法は、多く棍とまじわらざるを知る」

つまり槍は槍法で使うべきであり、槍法を棍の法をもって使うことはよろしくないというのである。また「棍は棍を借るを知る」ともあり、棍は棍の法をもって使うのが適切であると分かったとしているのである。呉殳によれば、有名な槍法の門派であっても往々にして棍法がまじっていることがあったようである。そうであるから、すべての技に通底する統一的な槍法の「系統」がいくつもの技を重ね合わせても見えてこなかったのである。

こうした体験は、個人的には八卦拳を学んだ時にあった。それまで八卦掌はいろいろなものが紹介されていたが、門派による違いが著しいとされていた。しかし八卦拳を学んでみると一つの「系統」が見えてきたのである。八卦拳をベースにすると、一見してばらばらのように見える八卦掌のピースが、それぞれ納まるべき位置を得ることができたのである。これは歴史的には八卦掌が八卦拳から派生したものであるからである。派生したものをそれぞれ較べても規準は見えてこないであろう。

しかし、根本と派生したものとを較べてみるとあきらかな「系統」が見えてくる。武術において正しい教えを見いだすのは容易ではないが、同じ門派のいろいろな伝承が「系統」をもって見ることができる教えは一応正しいものとすることができるように思われる。これは、ほかの事柄でも共通して言えることである。正しく全体を見通せるからこそ部分をも正しくとらえることができるのである。

十八則　拳は熟成させなければならない

拳は、多きをほしいままにせず、ただ熟すをほしいままにす。

（拳は、多くを学べばよいのではない。習熟をしなければいけない。）

武術にはいろいろな流派がある。武術を修行する人の中には幾つもの流派を学ぶ人もいる。長く武術を練っていれば幾つかの流派の門を叩くことにもなろう。こうしたことはある意味で当然のことである。それは、自分が打ち込める流派を探すためには幾つかの流派の門に入ることが必要になるためである。しかし、なかにはいろいろな技を習得することそのものがおもしろくて複数の流派を練習する人もいる。

自分に合った流派を探すことを目的としている場合には、自分に適した流派が見つかればそれまで覚えた技も殊更に練習されることなく忘れてしまうであろう。しかし技そのものを集めようとする人は、当然のことであるが技の数のみが増えていくことになる。こうしたことは、武術の本質を探究する道からすれば外れた傾向にあるとしなければならない。

また、武術の指導者はいろいろな人に対応するために幾つかの流派を知っておく必要もあろう。また、他流を知ることは見聞を広めることでもあり、自分の練っている流派のことをより深く知ることができることにもなる。このあたりのバランスがうまくとれている人は大成することができるのであろうが、そうでない人はある程度のところで止まってしまう。このあたりのことを『内家拳術』では、以下のように述べている。

「拳は、多きをほしいままにせず、ただ熟すをほしいままにす」

拳は多く学ぶことがあってよいわけではない。しかし拳に熟するということはおおいにあってよいとするのである。拳は拳を習得することで終わるのではない。むしろそこから始まるのである。拳を習得するとはテキストを手に入れるのと同じである。肝要なのはテキストをいかに読み込むか、そしていかに自分のものにするかにあるのである。拳も同じで、太極拳や八卦拳の套路を覚えるだけではその深いレベルを知ることはできない。習熟をしなければ本当の太極拳や八卦拳の持つ味わいを知ることはできないのである。また習熟できていない動きは実戦では使えない。『内家拳術』では、先の言葉に次いで、

「これ練りて純熟すれば、すなわち六路もまた、これを用いて窮《きわ》まらず」

拳を練ってそれに習熟したならば、たとえ六路くらいの套路しかなくても無限の応用変化ができるようになると述べられている。鄭曼青も従来の百式前後の動きのある太極拳を精選して三十六式の套路を編んだのである。鄭曼青は練習時間の充分にとれない現代人は時間のかかる長い套路を練るよりは重要な動きだけを短くまとめた套路を練る方が太極拳を深めるためには好ましいと考えたのであった。

鄭曼青はたとえ三十六式の太極拳であっても、相手に接触したらその技ではなく、ただ勁を使うの

が太極拳であるから問題はないとしている。太極拳は何回かの打ち合いをしていく中で優位に立とうとするのではない。相手に触れた瞬間にこちらが優位に立とうとする武術なのである。そうであるなら、技のバリエーションよりも瞬時に相手を制する能力を深めた方がよいのである。太極拳を使う場合には、技よりも勁の深さの方が重要なのである。

中国武術では究極の技のあることを「絶招」などと言っている。歴史的に有名なのは第十四則でも紹介した形意拳の郭雲深で、崩拳の一手をして全国の武術家を制したとされる。ちなみに崩拳は中段を突くだけのきわめて単純な技である。郭雲深はこの技に習熟していたのである。あらゆる技芸に共通することであるが、習熟がなければ実用に耐えることは難しい。実用に耐えるとは、群を抜いた威力を有するということである。

五年、十年と拳を練ることで自然と拳は熟していく。太極拳や八卦拳のようなものは特に自然な動きをベースにしているので、ただ毎日続けるだけで大きな成果を得ることができるようになる。このように拳に熟することは、きわめて簡単であり容易なことなのである。ただ日々続ける、という一事ができればよいだけである。しかし、この一事ができない人がほとんどである。

日々続けるには、日々行うことである。これが何日に一度というのではかえって続かない。たとえ数分でも毎日練習をしているとそれが日常のリズムになる。そうなると日々続けることは難しくなくなる。拳も自然に熟してくるのである。

十九則　練習には誠がなければならない

末技というといえども、苦心なかるべからず。
（主要な技でなくても、熱心に稽古はされなければならない。）

『少林棍法図説』上の「紀略《きりゃく》」には、著者の程宗猷が自らの修行について述べている。それによれば程宗猷は若いころから武術に興味があって、名師がいると聞けばすぐに訪ねて教えを乞うていたという。

少林棍は初めに洪紀という師についた。この師からは棍法のおおよそを学ぶことができたのであった。しかし技は少ししか習得できなかった。ために、次には洪転という師につくのであった。洪転は「棍法神異」と称されるほどの使い手で、少林寺でも尊敬を集めていたという。ほかに宗想や宗岱《そうたい》、洪転門の高弟であった広按《こうあん》からも教えを受けたとする。しかし「変転の神機」や「操縦の妙運（技を使う上での巧妙さ）」を悟ることができたのは、寺を出てから数年の後であった。それは、勝負を決する機とは「一勢の変化の状」にある、ということであった。つまり、勝負を決するのは一勢がどのように変化をするのか、にあるというのである。相手の動きに応じて技を適切に変化させることで相手を制することができるのである。

「随機応変、彼をして測《はか》らしめず。身法、眼法、旋転はこまかに定《さだ》む。手法、足法、収放自如《しゅうほうじじょ》たり。微《び》なるかな。微なるかな」

身法や眼法は緻密に用いられなければならない。また、手法や足法は自在に働かなければならない。ここに「随機応変」の動きが得られるのである。その根本にあるのは「微」である。微細な部分にまで気を配る稽古をして初めて相手の変化の機をつかみ、相手の変化に対応することが可能となるのである。

さらに具体的には、

「いやしくも、よく心が手に応ずることを得れば、巧みに力は先に運ばる」

とある。心の働きと手の働きが一つになったならば、巧妙にして棍の先まで力を通すことができるようになるというのである。これは書法などでも同じである。鄭曼青は絵を描く時、筆に勢いをつけるのに苦労していたという。そこで鉄で筆を作ってみたりしたが、うまくいかない。最終的にたどり着いたのは太極拳の勁を使うことであった。太極拳の勁を筆に乗せて使えば活きた筆使いができるようになったと述べている。鉄の重い筆を使うから力強さが出るのではない。これは武術でもよく言われることであるが、固い筋力は滞った力しか生み出さないとされるのである。これに対して勁は軽く速い（軽霊）力であるとされる。まさに勢いを得ようとするのであれば固い筋力にたよるよりも柔らかな勁によった方がよいのである。

およそ「機」をとらえて動くには、心と体が一つになることが前提となる。このような心身を修行によって得るにはどうしたらよいのであろうか。

「末技といえども、苦心なかるべからず」

簡単な技であっても疎かにしないで熱心に学ばなければならないということである。いくら勝負の鍵が機をとらえての変化にあるといっても、それを会得するには地道な練習が必要である。どのような技も、千回、万回と練ることで絶招となるのである。

一方で、秘伝、奥義の技も、これを練ることがなければ実戦に耐えるものではない。誠実に一つひとつのことを確実に積み上げていくことが、大成へのもっとも早道となるのである。

第二章 ◉ 中伝篇

二十則　入身は危険を恐れてはならない

我、偏身《へんしん》、深く入る。この時、性命を顧《かえり》みざれ。ただ、両目、他人の胸前を認《みと》めよ。

（入身は我が身を捨てて相手の中心を突き崩せ。）


日本の柔術には大きく分けて三つの系統がある。

一つは小太刀を使う系統である。小太刀の術は一般的な剣術の中に含まれていたりもするが、小太刀をもって相手の太刀を受けることは少なく、基本的には相手の攻撃を入身でかわして攻めることになる。大東流の技も、その解説において小太刀を使うことがある。これは剣術の裏技としての柔術の応用であり、言うならば抜刀術の一つである。刀を抜こうとした時に腕を押さえられた場合、それを解いて抜刀する技である。また抜刀してから腕などを捕られた時に、それを解く方法もある。いずれにしても、剣術の裏技としての柔術は最終的には剣を使うことが目的となる。合気道などはこの系統の柔術とすることができるであろう。

もう一つは剣術に対応するための柔術である。剣で攻撃してくるのを素手で対するのである。柔道などはこの系統の柔術である。剣術から派生した柔術と、剣術に対するための柔術の大きな違いは、担いで投げる技の有無である。剣術から派生した柔術では、自分が刀を腰に帯びているために担いで投げる技は行いにくい。一方、剣術に対するための柔術では剣を帯びていないことが前提であるので、大きな威力のある担いでの投げ技を多用することができるのである。

いずれにしても、日本の柔術は徒手対徒手が前提ではなく武器を使う状況が想定されている。ために入身が重視されることとなったのである。もちろん徒手対徒手を前提とする今日の中国武術でも、入身は「歩法」ということで重要視する。かつて心眼流という当身を多く使う柔術を見た蟷螂拳家は「あれでは（歩法がないので）当たらない」と言っていた。心眼流には心眼流で間合いを詰める方法はあるのであろうが、一見してその場で激しく腕を振るだけのように感ぜられる同流には、間合いを詰める方法が充分ではないと中国人の蟷螂拳家は思ったのであった。これほど入身は重要である。どのように強い攻撃も相手に当てることができなければ意味がないからである。

「我、偏身、深く入る。この時、性命を顧みざれ。ただ、両目、他人の胸前を認めよ」（『剣経』）

「偏身」とは、半身のことである。半身になって入身をすることである。こうした時には自分の生き死にのことを考えてはならない、という教えである。ただ相手の胸のあたりを見てひたすら突き進めと教えているのである。

太極拳には「捨己従人《しゃこじゅうじん》」とする秘訣がある。自分を捨てる、ということである。『剣経』にはこれに続いて、

「棍上、空ならば、急ぎて上を穿ち、棍下、空ならば、急ぎて下を穿て」

とある。これは、相手の隙が構えている棍の下の方にあると感じられたならばすぐに下段を攻撃せよ、上に隙があると知ったならば上段を攻撃せよ、ということである。

ここで興味深いことは、相手の隙について、相手の上段が空であれば、というような言い方をしていないことである。構えている棍の上に空を感じたならば、とあるのである。これはまさに「捨己従人」の感覚に近いものである。

自分が相手の隙を見つけようとする心の働きを捨てた時に、自ずから相手の隙が一つのポイントとして見えてくるからである。「捨己従人」の境地に入って相手に対すれば、相手の様子を自ずから知ることができる。相手の上段に隙があれば、棍の上のあたりの一点に「空」なるものが感じられ、自ずからそこを攻めたくなる。太極拳でも、体が自然に動いて相手の隙を攻めることができるようになるのである。

もう一つ目付として重要なことは、ここにあるように相手の胸のあたりを見ることである。胸のあたりに目付をして相手の全体の雰囲気を感じるようにすることが大切なのである。武術においてもっとも重要なことは「中段」にある。構えも、目付も、「中段」を忘れては正しく武術を習得することはできない。

形意拳はひたすら「中段」を練るものである。五行拳はすべて「中段」に特化した動きとなってい

蟷螂拳、蟷螂補蟬式

る。八卦拳でも「中段」を重視するが、八卦拳で用いるのは斜めの「中段」で、やや変化した形をとる。蟷螂拳を考案した王朗は、蟷螂補蟬式という「中段」の構えを考案することで名人となることができた。一方、合気道では無構えなどとして「中段」の構えを軽視する傾向が生まれて動きが乱れることとなった。ちなみに実戦的とされる養神館系の合気道には「中段」の構えが色濃く残っている。「中段」とは、上にも下にも変化が可能な位置のことである。これは「中庸」とも言える。あらゆる変化を内包するのが「中庸」である。人が生きる上でも、中庸を忘れては行き詰まってしまう。

二十一則　正しい身法によって心や手足も正しく使えるようになる

身法正しからざれば、すなわち心、主たることなくして、手足、措《お》くを失う。

（身法が正しくなければ心も手足も、適切に使うことができない。）

形意拳の郭雲深は、三層の功について述べている（孫禄堂『拳意述真』）。それは易骨、易筋、洗髄である。「易」とは変えるという意味である。易筋とは筋肉を変えることである。形意拳や太極拳、八卦拳などの内的な力を使う武術では柔靭な筋肉が求められる。

洗髄とは心を浄化することである。心の浄化とは心に静を得ることである。言うならば、体に「柔」を得るのが、易筋で、心に「静」を得るのが洗髄なのである。このような易筋、洗髄は、少林拳などで古くから言われてきたことであるが、易骨はほかにあまり見ないことである。易骨とは、言うならば正しい姿勢を作ることである。中国武術の多くは、馬歩《ばほ》椿功《とうこう》によって正しい姿勢を作ろうとする。形意拳では、子午椿功によって正しい姿勢を得ようとする。かつては子午椿功のみを数年も練ったと言われるように、形意拳では特にこの訓練を重視する。形意拳の系統で、易筋と洗髄に付して易骨が言われるようになったのも、特殊な半身の歩勢の習得が求められる形意拳ならではの意味があったのである。

八卦拳でも馬歩樁功はあるが、一般に流布した八卦掌では、多くで馬歩樁功が失われている。これにより八卦掌では「発勁（発力）」と、「蓄勁（蓄力）」をつなぐものを失った。ために八卦掌の練習者の多くの人が勁の出し方が分からないでいるのである。八卦拳では馬歩を中核として、発勁では馬歩が含機歩《がんきほ》へと変化して羅漢拳へと発展していくことになる。蓄勁では馬歩からこれも含機歩へ変化をして、これが八母掌へとつながる。含機歩の「機」とは働きの意である。働きを含んでいるのが含機歩である。八卦掌でもほとんどの派で含機歩に似た半身の構えを伝えているが、これは馬歩があって、発勁、蓄勁に展開するから含機歩となるのである。発勁、蓄勁をつなぐ馬歩がなければ、含機歩そのものが成立しない。形意拳は優れた武術であるが、なかなか大成を得るのが難しいのは、姿勢を作る基本となる馬歩が失われたからである。

「身法正しからざれば、すなわち心、主たることなくして、手足、措くを失う」（『手臂録』）

身法が正しくなければ心が動きの主となることはなく、手足の協調も失われるということである。身体の動作はすべて意があって動いている。その意と動きがうまくつながらなければ、全体の協調性が失われる。これは当然のことであるが、心を主として動くにはどうしたらよいのか。それは身法を正すことであるという。ここで重要なことは、心の問題は心において完結するのではない、という点である。あくまで心の問題を解決するには、身法が正しくなければならないのである。

現代はストレスの大きい社会である。そうした中にあって心の平安を宗教などに求める人もいるが、なかなか解決は難しいようである。これは心の問題を心だけで解決しようとするところにかえって困難さが生まれるのではなかろうか。心の問題は身法を正すことによって比較的容易に解決できる。これは古代のインドでも気づかれていたようで、瞑想中心のラジャ・ヨーガから身体操作を含んだハタ・ヨーガへと発展をしていくのである。

心、そして体の問題ももちろん身法を正すことで解決をする。これは意外に盲点となっているのではなかろうか。自然の中でただ拳を練る。それだけで心身がひろく解き放たれるのである。これは先人たちの培ってきた智慧というべきものであろう。

二十二則　心が鎮まらなければ、自在に技を使うことはできない

神定まらざれば、心乱れるをなす。これを斜正を知らずという。

（神が鎮まることがなければ、心も乱れてしまう。こうなるとどう動いてよいのか分からなくなる。）

武術を修める目的とは攻防の術に長じることにある。その中に健康法やリクレーション的な要素も含まれている。そうであるから攻防を捨ててしまったのでは武術としての正しい稽古にはならない。日本ではあまり人気が出なかったが、「武術」を床運動のように演じて点数を争う競技が行われている。これに人気が出なかったのは、空手や合気道あるいは柔道や剣道などの経験者が見て、武術的なものを感じることができなかったことも大きな要因であろうと思われる。

これは武術を床運動のような競技とするために武術の本来持っている攻防の間合いがまったく無視されたことが原因である。間合いが変わると呼吸が変わるのである。呼吸が変わるとは心の状態が変わるということである。心の状態が変わってしまえば、それは動きの本質が変わってしまうことになる。

「神定まらざれば、心乱れるをなす。これを斜正を知らずという」

『武編』にはこうした注意が記されている。神つまり気持ちが安定しなければ心も安定することがないということである。心が安定しなければ適切に動くことができなくなるわけである。大きく言えば神も心も同じであるが、神は心を働かせている根本のエネルギーである。これが安定することで心の働きも安定させることができるのである。

相手と対した時に恐れや奢りがあるのは神が定まっていないからである。これは、神に穢れがあるためであるとすることもできる。そうなると心も正しく働かなくなる。結果として攻防の動きもよろしきを得ないことになるわけである。『武編』では攻防の働きを「斜正」ということで示している。

「激《さえぎる》を行いて守るは皆、正となす」

「攻の内に化あるは、斜となす」

『武編』では相手の攻撃をカットして自分を守ろうとするのが「正」であるとする。これは通常の武術で多く行われている方法である。つまり、攻撃は攻撃であり防御は防御であるのが「正」なのである。

これに対して、攻撃の中に防御が含まれているのが「斜」であるとされている。形意拳や八卦拳は「斜」の武術である。形意拳の「硬打」では、相手がどのようにこちらの攻撃を受けても、「起落《きらく》」の口伝を得られたならば、接触点の力の方向を変えることができるようになる。そうなればどのような固い防御を相手がしても、さらにこちらの攻撃を押し込むことが可能となるのである。攻撃を押し込む時には、跟歩《こんぽ》という独特の歩法を用いて瞬時に行うので相手はこれに対応することが難しい。八卦拳では「挿掌」を使う。挿掌は擰勁《ねいけい》を練ることで可能となる。特に形意拳や八卦拳で、起落の勁や擰勁を使うことなく力任せに自分の攻撃を押し込もうとすると大体において失敗をする。

『武編』では「斜」についてはおもしろいことを述べている。跳躍をしたり走って逃げたりするようなことは、「不正の斜となる」としているのである。いわゆる奇手とされるような方法が「斜」ではないとしているわけである。こうした「斜」は「偏」であるという。そして「偏」は「正」に及ばないとも述べている。

すでに見てきたように「斜」には攻撃と防御がともになければならない。跳躍をして相手の攻撃をかわしたり走って逃げたりするのは、防御のみがあって攻撃がない。これでは正しい「斜」とはならないのである。また相手の攻撃を防御するのであるから、こうした動きはあるいは「正」と見なされるかもしれない。しかし、そうでもないというのである。「正」の防御では、相手の攻撃が完全に撃破されていなければならない。逃げただけではいまだ相手の攻撃は活きている。ためにこれは「正」の動きとはならないのである。

一般に「少林拳」と称されるような太祖拳や洪拳のような門派が衰えることなく練習されているのは、こうした「正」を基本とする門派は動きが単純であり、練習をしただけ技術力が向上するからである。より練習を積めば、それだけ動きに習熟することができて攻防の能力も確実にあがることになるのである。

一方、太極拳や八卦拳、形意拳のような「斜」をベースとする門派は、なかなか自らの向上を感じることができないこともある。「斜」の門派で求められるのは動きの精緻さである。動きの精緻さをもって相手を制するには、それなりの高度なレベルに達しなければならない。そして困ったことに、そのレベルに入るまではほとんど技が実戦に使えないのである。この期間を耐えて練習を続けられるか否かが「斜」の武術を大成させることができるかどうかの鍵となる。

「正」の武術は一歩一歩の向上が自分でもよく分かる。日々一時間練習をするのと二時間では、確実に二時間の練習をした方が技術力は向上する。『武篇』では「正」の武術で使われる「激《さえぎる》」は「問う」ようなものであるとする。

「これを問えば必ず答える。なんの応ずることなきは、痴唖《ちあ》の人の面《むか》い立つるが如くなり」

問いを発すれば、普通の人であればなんらかの応答をするものである。分からないなら「分からない」というであろう。もしなんの反応も示さないのであれば愚かな人か、口がきけない人であろうというのである。つまり相手の攻撃をカットするような方法は、必ず相手もそれが分かるというのである。ために、相手が強く攻撃をさえぎる力を使った時に反撃をする方法が、通臂拳や蟷螂拳では深く研究されている。例えば突いていった腕を落とされたとする。そうなると、その勢いを逆に使って、こちらは腕を小さくまわして反撃をするのである。このような方法は「正」の武術の裏技である。「正」の武術の修行者は、習熟をして防御と攻撃の時間を短くして、限りなく「斜」に近づこうとする。

一方「斜」の武術では相手に大きなダメージを感じさせないので、通臂拳や蟷螂拳の反撃テクニックは使えない。また形意拳や八卦拳では、接触した時点から急速に間合いを詰めるので反撃がまにあわないことが多いであろう。

「正」の武術を修練するのか、あるいは「斜」の武術かはそれぞれが決めればよいことであるが、どのような武術であっても心の安定が第一となるのを忘れてはならない。心を安定させるには神を安定させなければならない。神を安定させるには精と気が安定していなければならない。精と気を安定させるには適切に套路が練られなければならない。套路が正しく練られることで上中下の丹田は安定をする。そうなると神気精も安定をして、結果として心の働きも安定を得ることができるのである。

二十三則　手は身法により使われ、身法は歩法の助けを受ける

石家《せっか》の槍の用は両腕にあり。臂はもって腕を助け、身はもって臂を助け、足はもって身を助け、すなわち合わせて一となる。

（石家の槍の使い方の鍵は腕にある。肩が腕の働きを助ける。体は肩の動きを助ける。足は体の動きを助ける。こうして全身が協調して動くのである。）

『手臂録』は、槍術の名著としてよく知られている。その中では、この書が書かれた清の時代に有名であった諸家の槍術についても触れてある。それによれば、近世中国ではここでとりあげる石家のほかに、沙家、楊家、馬家や少林寺、それに沖斗《ちゅうと》なる人物の槍術も有名であったらしい。ここでは、石家の槍術についての以下のような説明を見てみよう。

「石家の槍の用は両腕にあり。臂はもって腕を助け、身はもって臂を助け、足はもって身を助け、すなわち合わせて一となる」

石家の槍術は腕の使い方に特色があった。当時の槍術は、楊家では一丈四尺（四メートルあまり）くらいの長さの槍が用いられていたようであるが、石家の槍術ではこれを四尺（一二〇センチほど）

も伸ばす腕の使い方があったという。

「楊家の短槍より変じて、長さ四尺を加う」

それでは、どうして一メートルを越えるほどの長さを腕の操作で加えることができたのであろうか。それは肩（臂）の使い方に秘訣があったとする。そして肩の使い方は身法から生まれたものであった。そして、身法は足の働きによることが述べられている。つまり、歩法を使うことで距離をかせぐことが石家の槍術の特色であったのである。形意拳は槍術から生まれたとされるが、形意拳の歩法（跟歩）などは、まさにこうした間合いを詰める歩法である。

遠い間合いは相手の攻撃が届き難いので有利であるが、こちらの攻撃も届き難い。このこちらの攻撃の届き難さを解消するための歩法が石家の槍術にはあったのであり、形意拳にもそれがあるのである。八卦拳でも歩法を最重要視する。八卦拳の特色である円周上を歩く練法は、ひたすら歩法の鍛錬をしているのである。八卦拳では「歩法がなければ、攻撃を相手に当てることはできない。当たらない攻撃は、どのように強力なものであっても意味がない」と考えるのである。しかし、問題なのは八卦掌諸派にほとんど正しい歩法が伝わっておらず、ただ円周上を歩くことに終始していることであろう。

「足をもって身を助くとは、前後左右、稍稍《そうそう》に移動し、もって彼の槍の先を脱すなり。剪刀歩《せんとうほ》、十《じゅう》字歩《じほ》にはあらざるなり」

石家の歩法は、前後左右へと「稍稍」に移動をして間合いを操作するものであった。「稍稍」とは「わずかに」ということである。ここで注意をしたいのは、前後左右への歩法であるとしながらも「稍稍」とある点で、ほとんど直線的に入っているようであるけれど、その中には前後左右の動きが入っている、とするのである。これは形意拳の歩法でも同様である。一見して形意拳の歩法は直線的であるように見えるが、じつはその中には前後左右の変化が含まれている。もちろん五行拳の歩法にもこうした変化は含まれているが、より顕著に分かるのは十二形である。太極拳は「曲の中に直を求める」という。形意拳では「直の中に曲」が求められなければならない。

また『手臂録』には石家の歩法について、「剪刀歩」や「十字歩」ではないとわざわざ断っている。「剪刀歩」とは、S字状の歩法である。合気道では、まるいさばきであるこうした入身を「裏」としている。一方「十字歩」は、やや直線的に相手の内に入る入身である。これは合気道では「表」という。ちなみに太極拳の玉女穿梭《ぎょくじょせんさ》では、初めの動きが「表」の入身で、後が「表」の入身である。

こうした入身の基本を身につけることも重要なのであるが、高度の技法ということであれば、できるだけ必要最小限度の動きで間合いが操作されなければならない。剪刀歩や十字歩は足法の中に「稍稍」に含まれるべきものであって、あきらかな動きとして見えてはならないのである。歩法と身法を協調して使うことで、石家の槍術は微細な間合いの詰め方を編み出したのであった。ここに石家の槍術は、群を抜いた強さを持つことができたのであろう。

二十四則　歩法が間合いを変える

沙家の槍の用は両足にあり。身はその足に従い、腕はその臂に従い、よって合わせて一となる。

（沙家の槍は両足の使い方に特徴がある。身法は歩法と、腕は肩の動きと連動して、全身が協調している。）

清の時代の槍術の有名な門派の一つであった沙家の槍術は、竿子《かんし》という一丈八尺（約五メートル四〇センチ）から二丈四尺（約九メートル三〇センチ）もの長さの槍を使っていた。すぐれた槍術では、どの門派であっても歩法が重要視される。これは拳術においても同じである。歩法は間合いと密接な関係にある。間合いを適切に扱うことができなければ、攻防を有利に展開していくことはできない。また、沙家の槍術で歩法を特に重要視するのは、あまりに長い槍を使うので腕の細かい操作が使えないことにもよる。形意拳は槍術から派生したとされる。現在残されている五行拳などの動きからすれば、腕の変化が少なく歩法を多用することからして、形意拳の槍術も長い槍を使っていたと考えることが可能であろう。また、八極拳には六合大槍などの長い槍の操法が伝わっているし、太極拳の槍も太極竿と言われるくらいであるから長いものを使う。

「竿子は長軟《ちょうなん》たり。両腕、陰陽互換するといえども、ただ臂力は助順《じょじゅん》をもってして、倔強《くきょう》たることなからしむべくは、実に根をもって頭を制するあたわざるなり」（『手臂録』）

沙家が使うような長大な槍は、長く柔らかい。そうであるから、両腕を使ってむやみに腕の力で槍を使おうとしてもうまく使うことはできない。腕の力の強さだけによることができないので、腕の操作で槍の先を細かに使って相手を制するような技が使えないと、ここに引用した『手臂録』にはある。長い槍は遠い間合いで使うことができるので有利ではあるが、武器としては扱い難いものでもある。腕の力では操作することが難しいのであれば、どのような方法を使えばよいのであろうか。

「軟槍の妙は退にあり。退けばすなわち活《い》く。足、風のごとくならずば、進退することあたわず。これ竿子の用は足にあるなり」

長く軟らかな槍を使うには、速く退く歩法が重要であるとするのである。これを使うことで槍の働きを活かすことができる、とある。ここに歩法を「風」と例えていることからすれば、大きな歩法ではなく、継ぎ足のように細かな歩法を連続して用いるものであったように思われる。形意拳には半歩の秘訣がある。これは跟歩の変化であるが、跟歩が一歩を踏み出すのに対して半歩の跟歩を行うのである。郭雲深はかつて半歩崩拳で天下無敵であったとされる。郭雲深の強さの一端は、半歩を使っての間合いの詰め方にあったように思われる。形意拳の半歩崩拳は、体重を乗せて、しかも非常に速く突き込むので、これを防ぐことはきわめて困難である。

「沙家の槍の用は両足にあり。身はその足に従い、腕はその臂に従い、よって合わせて一となる」

身法が歩法と一体となっているとは、身法にほとんど変化がないことを意味している。腕の操作も肩の働きによるとある。これは身法によるということである。身法は歩法から生み出されるので、つまりはすべてが歩法によって攻防がなされるのである。しかし重要なことは、歩法、身法、手法などが統一されているという点である。長い武器は退く歩法により、はたき落とすようにして相手の攻撃を止める。武器が長いので、こちらはかなりの間合いを取っても遠くなりすぎる心配はない。

ちなみに歩法によるといっても、楊家の槍のような三メートルくらいのものであれば、退くのではなく進む歩法をもって槍を使うことになる。

「硬槍の妙は進むにあり。進めばすなわち殺《そこ》なう」

硬槍の場合であれば、攻撃的な戦法を用いる。軟槍は防御を主とする。それぞれの武器に応じたふさわしい方法が用いられなければならない。ちなみに太極拳は退くことで間合いを作るし、八卦拳は進むことで間合いを得るのである。拳もそれぞれに風格があるので、それに準じた歩法が考えられなければならない。

二十五則　一般的な技の中にこそ妙がある

ただ順勢、順力をもって妙となす。

（ただ順勢、順力にのみ妙を得ることができる。）

中国では「大隠は市井に隠れる」という。これは仙人などの真に隠逸を好む人士は、深山幽谷にいるのではなく市井にいる、ということである。一般的に俗に染まることを嫌う仙人などは、街を離れて山奥に住むと思われがちであるが、俗を断たなければ俗に染まるのを防ぐことができないようでは本当の隠者とは言えないのである。市井にあって、凡眼をもってしては普通に生活しているようにしか見えない人の中に真の仙人はいるのである。

王羲之《おうぎし》は書聖と言われる。しかし、王羲之の書は一見すれば「普通の書」のように見えることであろう。少し練習をすれば自分でも書けそうに思うかもしれない。そして実際に書いてみると、初めは「かなり近い！　もう少し！」と感じるかもしれない。しかし、しばらく熱心に練習をしたなら「これは、なかなかに難しい」と思うことであろう。そして深く書を学んだなら「ああなるほど」と嘆息をもらすことになろう。

中国では書に優れた人も多く出ている。しかし、一見して平凡であるが、深く味わえば味わうほど底知れない「深み」が感じられるのは王羲之が第一である。ただうまいだけでは、名人、上手であって、聖とは称されない。「聖」とは、そこに人智の及ばない不可思議なもの「妙」があるゆえのことなのである。こうした「妙」について『秘本単刀法選』には次のように記されている。

「ただ順勢、順力をもって妙となす」

「順」とは、相手にさからわないことである。勢とは技のことである。つまり、技も力も相手の動きにさからわないで動くところに「妙」があるということである。これに対して「逆」はどうであろうか。同書には、「順」に続いて「逆」に関しても述べている。

「これに逆らうが如きは、すなわち絶疾《ぜっしつ》たるを称するあたわず」

「絶疾」とは、きわめて速いということである。「順」であればきわめて速く動くことができるが、「逆」ではそうはいかない、というのである。たしかに相手の勢いに乗れば、自分だけのスピードを上回る速さを得ることができる。太極拳の「走」はこうした働きをいうものである。太極拳では「走」によって得られる速さのことを「軽霊《けいれい》」と言っている。同様な速さを植芝盛平は「勝速日《かつはやひ》」と呼んでいた。植芝盛平は、合気道の核心はこの「勝速日」を得ることにあると教えていた。それは「勝速日」が合気によって得られる速さであるからである。ちなみに八卦拳では「閃」を重視する。「閃」で重要なことは、相手の勢いを誘い出すことである。その基本となるのが単換掌式である。かつて著名な八卦掌家が、奥義の手として相手の腕を引く技を披露していたが、これは単換掌式の動きである。八卦拳の最もベースとなる単換掌式では、腕を引く前に挿掌で相手の中に入らなければ技として成立しない。相手の中に入ってその反応を誘うのである。そして、その勢いに順じて腕を引くわけである。

単換掌はほとんどすべての八卦掌の中にある。それは単換掌式が八卦の攻防のベースであるからにほかならない。ちなみに単換掌は単換掌式を形として示したものであり、単換掌式は、形ではなく原理を示すものである。単換掌式は双換掌式などさらに複雑な動きへと変わっていく。

こうした速さの根本にあるのが「順」なのである。太極拳での「捨己従人」の拳訣も「順」をいうものである。自分のはからいを捨てて相手に従うことが、「順」を得るためには第一に求められるべきことなのである。合気道の「合気」も「気を合わせる」ということで、これも自分の働きを捨てた「順」の境地を示している。ただ合気道では「捨己」は太極拳と同じであるが、己を捨てるとは言わないで「宇宙と一体となる」として教えた。これは自分にとらわれないという点では「捨己」と何ら変わりのないものである。これらはすべからく「順」を得るための教えである。ちなみに八卦拳では奥義に「纏綿掌」がある。これは綿のようにまとわりつくということであり、これを得るにも自分のはからいを捨てて相手と一体とならなければならないとされている。

さらに『秘本単刀法選』では「順」と「絶疾」との関係について具体的に述べている。「順」であることで得られる「絶疾」には、次のような説明がなされているのである。

「心、手が倶《とも》に化するに至れば、機に随《したが》いて応ず」

心と体が自在の境地に入れば、相手の機が変化をするのにしたがって変化をすることが可能となるというのである。相手の動きの変化に応じて動くことができる、これが「絶疾」の速さなのである。「絶疾」を得るには、まずは套路を練ることで自分の心身が自在に動けるようにしなければならない。套路を通して自分の心身の変化の機に応じて動くことを練れば、相手の心身の変化の機をとらえてこちらも動けるようになるのである。

こうしたことが深まれば、相手の意が動いて攻防の動作に移るよりも速くこちらが動けるようになる。これが「絶疾」の極地であろう。太極拳では、

「相手が動かなければ、こちらは動くことがない。

相手が、動くのであれば、それより先にこちらは動く」

とする教えがある。それは、意の動きによって発せられる相手の動作を、実際の動きが始まってからとらえようとするのではなく、意が動いた瞬間にとらえてしまうのである。それによりきわめて速い動きとなるのである。植芝盛平の言う「勝速日」の「日」とは「霊」のことである。意のレベルで相手の動きをとらえる心の働きを「勝速日」としているわけである。これが得られたならば、微妙な相手の意の動きを知ることができるので、日常生活でも気配りとして使える部分は大きいであろう。

二十六則　柔らかいからこそ、強いものを破ることができる

これ皆、軟をもって硬を破るなり。

（すべては軟をもって硬を破るのである。）

日本の武術には、剣術、槍術、棒術をはじめとして、柔術などの徒手武術もある。しかし考えてみるに、柔術という名称は剣術や槍術が使う武器を言うのに対して、「柔」とは攻防の理念であり戦法である。そうであるから柔術は、あるいは体術などと言う方がより名称としてはふさわしいのかもしれない。柔術の「柔」が攻防の理念であることは、「柔術」が往々にして「やわら」と読まれていたことでも分かる。「じゅうじゅつ」ではなく、「やわら」がすなわち「柔術」であったのである。つまり「やわら」という概念が先にあって、それに「柔術」なる字をあてたものと考えられるのである。言うならば、日本の剣術も、槍術でも、棒術であっても、基本的には力対力のぶつかりあいを避ける傾向が強い。特に「高度」とされるレベルではそれが顕著である。こうしたことは日本の武術一般が「やわら」であったことを示していよう。「やわら」は体術に限ったことではなく、日本の武術全般が「やわら」であったのである。そして徒手の武術が特に「やわら」と称されるようになったのは、

それが「やわら」を表現するのに最も適したものであったからであると考えられる。やはり武器は硬質なものであり、そうしたものを使う技術よりも体のみを使う技術の方が柔らかなイメージを持ちやすい。

アメリカではブルース・リーのブームの時に中国の南派の拳法である詠春拳《えいしゅんけん》が注目されて広まったが、日本では詠春拳の指導者はいたものの広く受け入れられることはなかった。それに対して太極拳は今日において完全に定着したと言えるであろう。これは一つに、太極拳が「やわら」であったこととも関係していると思われる。すなわち日本人の民族性に合っていたのである。日本は古来より中国大陸から多くの文化を受け入れてきたが、不思議なことに教団道教が入ることはなかった。日本では全真教のような教団道教が移入された痕跡をうかがうことはできないのである。

道教が日本に入ってこなかったのは、日本人の民族性に合わなかったからであろう。それと同じく、太極拳以外の中国武術は驚くほどその人口を増やしていない。かつて注目された八極拳なども、一部の武術修行者にその流行は留まっている。「やわら」の系統に属する中国武術は太極拳のほかにも八卦拳や形意拳があるが、やはりその第一は太極拳である。太極拳も一時期は派手な「表演服」なるものを着て床運動の如く採点を競うスポーツ化の方向が模索されたが、これは先細りとなるばかりのようである。おそらく太極拳が中国武術としてある限りにおいては、その存在価値を徐々に減じていくことになるのであろう。太極拳が日本で受け入れられたのは「やわら」の流れの中であったのである。そうであるから「柔術」という視点から改めて太極拳を見直すことで、日本における太極拳の展望もひらけてくるものと思われる。

中国における「やわら」について、少林寺僧の中にもその重要性を認識していた人物があった。洪転である。『手臂録』では洪転の述べることろが紹介されている。

「彼、硬をもって来たるに、我また硬をもって抵《あ》たる」

相手が力任せに攻撃をして来るのにこちらも同じく力任せで対応しようとする場合である。こうした時には、

「力弱きは必ず敗《やぶ》る」

とある。当然のことであろう。力と力がぶつかった時には力の弱い方が負ける。くわえて「力等《ひと》しきは、闘うこと久し」とあって、力任せでも同じくらいの力の者同士であればなかなか勝負がつかないというのである。これもうなずけることであろう。

次にあげられているのは入身である。

「我、穿、勾、退の歩の法を行いて、もってその力を避《さ》く」

入身の歩法をもちいて相手の攻撃を直接に受けないようにする。いわゆる「さばき」である。「穿」は、真っ直ぐに入って相手を崩す歩法である。合気道では「表」の入身とされる。「勾」は、回り込むような歩法である。これは「裏」の入身とされる。「退」は退くことで、太極拳では「退」の入身を基本とする。入身については、

「この時、彼またその力用いるところなし」

としている。つまり、力があってもそれをかわされているのであるから攻撃する力とはならない、ということである。しかし、洪転の考える「やわら」はここに止まるものではない。

「我、変じて軟となり、彼の気力をして空に落とさしむ。しかる後に、その備うることの無き所を相《み》てこれを取る」

力任せに攻撃してくる相手に対して、こちらは「軟」に変わって応じるのである。これによって相手の気力（気持ちと力）は空を打つことになる。こうして瞬間的に思考停止におちいった相手を攻めるというのが、洪転の考えた「やわら」であった。これを、太極拳では「引進落空《いんしんらっくう》」という。「引進落空」は「引くこと進《つ》きて、空に落とす」と読むことができようか。「退」の歩法を使うことで、間合いを取るので、相手の攻撃はこちらに届くことがない。攻撃した方は無限の空間に引き込まれるような感覚に襲われる。そして、どう反応、反撃してよいのか分からなくなる。

「これ皆、軟をもって硬を破るなり」

つまり相手を空に落とす方法とは、まったくもって軟をして硬を破る方法なのであると述べているのである。つまり「引進落空」こそが柔をして剛を制する「やわら」の方法なのである。

二十七則　粘りを使って相手を抑える

大圧、小圧するは、すでに他《か》の棍に粘ばりたる。

（相手の棍を強く、あるいは弱く押さえるには、自分の棍に粘りがなければならない。）

太極拳や八卦拳では「沈身《ちんしん》」が重視される。これは「落根」と言われることもある。「落根」は「落地生根」からきた語で、「落地生根」は華僑が外国で土地を買ってその地に住み着くことをいうものである。「沈身」ができるようになると本当に大地に根がはったような感じになる。八卦拳では、走圏といって円周上を歩く練習を第一とするが、「沈身」ができている人が練習をしているところは、円周の形に足の踏み跡がくっきりとついている。これに対して「沈身」のできていない人の場合には、あまり明確な足跡を認めることができない。

このように「沈身」ができるようになると、腕や足に「重さ」が感じられるようになる。こうなるといわゆる利く突きや蹴りが出せるようになる。つまり突きや蹴りが重くなるのである。また剣や槍、あるいは棍などを使っても、同様な「重さ」を生じさせることができる。つまり、武器は手の延長とされるゆえんである。武器を手の延長にするためには武器になじむ必要がある。武器になじむには日々武器に触れておく必要がある。一日数分でも毎日武器に触れているとなじみが出てくる。

『剣経』には、沈身を使った技についての説明がある。

「大圧、小圧するは、すでに他《か》の棍に粘ばりたる」

「大圧」は、強く、大きく相手の棍を押さえることである。「小圧」は、わずかに、小さく相手の棍を押さえることである。相手の棍を押さえることでその攻撃の力をいなすのである。この時には必ず「粘」が働いていなければならない。そして「粘」を働かせるには沈身ができていなければならないのである。

『剣経』に示されてるのは「粘」をして棍に対する方法である。まともに打ち合ったのでは力の点では片手で使う剣は両手で使う棍に及ばない。そこで「圧」を行うのであるが、その具体的な方法の秘訣としては、

「小は直で当たり、小は斜めに圧す」

「大は直で当たり、大は斜めに圧す」

があげられている。大小ともに相手の棍に触れたら即座に角度を変えるのである。そうすることでまともに棍の力を受けることなく、最小限の力で棍の勢いをそらすことができる。「小（圧）」を使うのは相手の棍の前半分あたりである。この場合には、棍の攻撃をそらすことを主目的とする。「大（圧）」を使うのは棍の相手の手元に近いところを押さえる時である。この場合には、やや大きく押さえて相手の体勢を崩すことを目的とする。

「圧」は太極拳などで言うところの「沈」と同じである。よけいな力が抜けると「沈」ができるようになる。先に述べた「重さ」が出るわけである。こうなれば、相手の攻撃の勢いを小さな力で変更することができるようになる。「斜めに圧す」とあるのは、相手の攻撃の勢いをそらすことである。

相手の攻撃の勢いを変更する（斜）には、「直」で相手と接しなければならない。「直」で相手に接してすぐに変化をする（斜）のである。こうした戦法は八卦拳でも多用される。「直」で当たるとは最短距離で相手と接触することを意味している。これを行うために八卦拳では歩法を重視する。形意拳も同様である。もちろん太極拳でも「直」で相手に当たる。ただ太極拳は、形意拳や八卦拳と違い前に出ることはない。相手の攻撃を引き込むようにして、相手と接触するのである。このため太極拳での接触を円の動きの中で相手に触れることと諒解している人が多い。太極拳でも相手との接触は最短距離である「直」によるのである。「直」による相手との接触は推手の口伝を受ければ体得することができる。

初めに「直」で相手と接したら「斜」に変化をする。八卦拳は「閃転」を使い相手の背後にまわり込む戦法をとる。形意拳は「起落」を使って相手の体勢を崩す。太極拳は「落空」によって、これも相手の体勢を崩すことになる。これが「直」から「斜」への展開である。

沈身を使って押さえるとは、力任せに押さえるのではない。ある種、柔らかな「重さ」とでも言うべきものによって押さえるのである。それには心身が柔らかでなければならない。柔らかさ、重さ、粘り、こうしたものはすべて沈身によって得られるのである。

二十八則　相手の虚に乗じなければならない

採と牽とは同じからざるを知るを要す。哄《こう》にありて、虚をしてこれに乗ぜしむるを要す。

（相手の虚に乗じて、合気をかけなければならない。）

神仙道で、もっとも重要なことはなにか。それは「虚」を知るということである。我々は「実」の世界しか見えていない。あるいは、さらに「実」の世界の物質的なものしか見えていない人もいることであろう。こうした人は、物があれば楽しく暮らしていけると思い込んでしまう。ために自分の視野を自分で狭くしてしまい、物質的な世界以外に幸福のあることを見ようとしないのである。

物質的な世界だけにとらわれている人より精神的な世界をも見ることのできる人はより視野が広いと言える。こうした人は物質的世界と精神的世界の両方で幸福を求めることができる。しかし、神仙道ではその他に「虚」の世界があると教えるのである。「虚」とは、なんらの実体のない世界である。しかしあらゆるものはここから生まれ、あらゆるものがここに帰っていくのである。

太極拳や八卦拳の修行も最後にはこうした「虚」の世界を悟ることを目的とする。「虚」と「実」

は対立するような世界ではない。「虚」の中に「実」があるのである。「虚」は直接的にはとらえることのできない世界である。「実」は微細（精神）であれ粗大（物質）であれ、我との理知によってとらえることのできる世界である、「虚」と「実」は、一つのコップに水と豆を入れたようなものである。水が「虚」であり、豆は「実」である。

人の行動は「虚」の世界と「実」の世界からできている。そして人が自分の行為として認識しているのは、一般的には「実」の世界の一部にすぎない。心身を開くエクササイズを行うことで自身の虚実の動きが認識され、さらには相手の虚実の動きも知ることができるようになる。太極拳でゆっくり動くのは、その認識を得ようとするためである。ために「虚実分明」の拳訣もあるのである。

このように一つのものと思っている我々の行動も、じつは「実」と「虚」でできているのであり、その「虚」の部分は認識されないまま行われているのである。

『剣経』では、相手の「虚」に乗ずることの大切さについて教えている。

「採と牽とは同じからざるを知るを要す。哄にありて、虚をしてこれに乗ぜしむるを要す」

「採」は相手をつかむことであり、これにより相手を動けなくさせることである。一方「牽」はひっぱることである。ここでは「採」は、その「虚」に乗じて相手をコントロールするものであるとしている。これと同じく、太極拳でも「採」を実戦用法の秘訣としている。

ただ『剣経』で、「虚」を得るのに「哄」を使うとしているのは一見して太極拳とは大きく異なる点である。「哄」とは気合いのことである。大きな声を出して相手をひるませることである。確かに剣道や古武術の一派などでは、大きな声を出して相手を威嚇して、気持ちを萎縮させることが重要であると教えているようである。大きな声による気合いは自分を奮い立たせると同時に相手を萎縮させるための優れた方法とすることもできるが、太極拳や八卦拳では意図的にそうした気合いを発することはない。気合いを発することでこちらの間合いを読まれることを良しとしないためである。

「哄」に関しては、植芝盛平も気合いを発しており、そのスタイルは盛平晩年の弟子である斎藤守弘《さいとうもりひろ》によって伝えられた。また太極拳には「哼啊《フンハッ》」の気合いの秘伝がある。これらで重要なことは大声を出すことではなく相手の意識の間隙（虚）を打つことにあるのである。そうであるから無声の気合いもあるわけである。

一般に人の心や体の動きは全てが「実」であり連続しているように思われているが、本当は「実―虚―実」となっている。完全に「実」が続いているわけではないのである。ために相手が「虚」になった時にこちらが変化をすれば相手は動けなくなってしまう。次の「実」へとつながらなくなるのである。これが「哄」であり、太極拳の「哼啊」、合気道の「言霊《ことだま》」「山彦《やまびこ》の道」である。つまり「哄」とは「虚実」の変転の機を使うことにあるのである。

「虚」によらない「採」はただ相手をつかんでいるだけで、攻防においてはあまり有効ではない。どうしても無理に相手を動かそうとすることになる。そうなると「採」ではなく「牽」となる。「採」は合気と同じである。合気も、虚実の変転を使わないと相手をコントロールすることはできない。先に相手の「虚」を探すと言ったが、これはより正しくは自ずから分かるようになるものなのである。

自分の虚実への悟りが得られれば自ずからほかの人の虚実の状態も分かるようになるのであり、「虚」を使うことも可能となるのである。

太極拳で推手が上達したかったら套路を練れと言われるのは、推手がただの押し合いの練習ではないからである。多くの推手の練習が「推《お》」し合いのレベルに留まっている。これでは太極拳の深まりを得ることはできない。套路を練ることでどのくらい虚実への悟りが進んだのか、それを「推《お》」し量るのが推手の練習なのである。

二十九則　相手の勢を制しなければならない

これを制するのに二道あり。一は器を制す。一は勢を制す。

（相手を制圧するには、武器を制するのと、勢を制する二つの方法がある。）

中世の日本にあって能楽を大成した世阿弥は、「秘すれば花」という言葉を『花伝書』に残している。「花」という語に関しては深遠な芸道理念のように考えられることもあるが、要するにこれは「受ける要素」「売れる要素」ということである。本当に観客に「受け」たり「売れ」たりする部分を直接には見せないようにする。そうすることで観客はどうして自分たちが満足できたのか分からなくなり、永遠にファンであり続けることになるのである。レストランの秘伝の味なども同様である。

日本において本格的に中国武術が紹介されるようになって三〇年ほどがたったであろうか。現在では、いろいろな中国武術が日本でも習えるようになっている。こうした中にあって、その牽引となったことに「秘すれば花」があったことは否めないであろう。いわゆる秘技、秘伝の類いである。つまり、「一般的なゆっくりと動く太極拳に対して、ほとんど知られていない秘技である速い動きの陳家太極拳は、実戦的である」

とか、

「蟷螂拳の六合短捶は、秘拳で、なかなか伝えられることがない」

「八卦掌は、きわめて高級な武術であって、真伝を得ることはたいへんに困難である」

などである。こうしたことが言われて、秘技、秘伝を持つとされる中国武術への夢はたかめられていったのである。しかし今日、インターネットの動画サイトなどで、容易に陳家太極拳も六合短捶も八卦掌（八卦拳）も見ることができるようになった。これらを見た限りでは「秘技」「秘伝」とされる拳のどれも特色はあるものの、これを覚えれば攻防において絶対的な優位に立てると思えるようなものを見いだすことはできない。要するに、「秘技」「秘伝」も空手やボクシングと同様に、練習しなければ強くなれないということである。


また歴史的な背景が分かってくると、陳家太極拳は地方でのみ練習されていたので、北京で紹介された楊家の太極拳に対して練習する人が少ないのは当然のことであった。六合短捶は本来が遠い間合いを中心とする蟷螂拳にあって、近い間合いの套路であるために、初級、中級のレベルの人が練習するのは好ましくない。ために「秘伝」とされていたことが分かるのである。

八卦掌は、これを北京に紹介した董海川から弟子の尹福、宮宝田《きゅうほうでん》までが、清朝の護院（要人の特別警護をする部署）の長を勤めていた。そのために清朝が滅亡するまでは、掌門大師兄（一番弟子）である尹福の教えは広まることがなかった。これに対して、民間へは董海川の弟子である程廷華によって広められたのである。程廷華は八卦拳の一部である八卦掌を改変して游身連環八卦掌を考案した。これが広く伝えられたのである。本来の八卦拳は清朝が滅亡した後、早々に宮宝田が故郷に隠棲したために北京で流伝することがなかった。八卦拳が一般に知られるようになるのは、宮宝田の弟子の宮宝斎が大陸の赤化を受けて台湾に渡って以後のことであった。

確かに「秘技」「秘伝」を秘したる花として喧伝した中国武術の中には、現在ではあまりかえりみられなくなったものもある。しかし一方で太極拳などは、身心の調整という「花」により日本の武術として一定の地歩を固めつつある。

さて、ここで取り上げるのは攻防においての秘したる花である。『手臂録』には、

「これを制するのに二道あり。一は器を制す。一は勢を制す」

とある。相手を制するのには二つの方法があるというのである。その一つは「器」を制する。『手臂録』は槍術を説いた本であるから、相手の武器（器）を制することを述べているわけである。これは相手の「技」を制するということもできるであろう。技をもって相手を制しようとする考えの中から秘技や秘伝が生まれた。しかしより重要なのは、相手の「勢」を制することなのである。太極拳や八卦拳ではこれを「断勁《だんけい》」という。攻撃しようとする気持ちを萎えさせるのである。

剛で来る相手にさらなる剛で対したのでは、より相手を勢いづけることにもなる。剛で来る相手には柔で対する。そうすることで調子を狂わせるのである。これが「勢」を制するということである。

かつてヨーロッパで柔道や空手、合気道などを指導していた日本人の複数の指導者から、

「日本の武道の技に承服しない相手には、まずは道着を着させてしまう」

ことが大切であると聞いたことがある。着慣れてない道着を着せられてしまうと相手は自由に動けないし、道着を着ることを同意した時点で、気持ちの上でほぼ相手を制することができていることになるからである。「勢」を制するとは相手の闘争心と闘争力を制することである。そのためには、ただ技だけではなくそこに秘したる花がなければならないのである。技に何かが加味されなければならない。それが太極拳で最も重視される「聴勁」である。「聴勁」とは「勁《ちから》を聴《き》く」能力のことである。この場合の「勁」とは相手の闘争心と闘争力の働き（勁《ちから》）のことである。こうした勁をコントロールできる能力である「聴勁」を攻防の技に加えると、その技の威力は驚異的に増すことになる。

「聴勁」は、まずは自分の勁の動きを知ることから始める。自分の勁の動きが分かるようになれば、自ずから相手の勁の動きも分かるようになる。相手の勁の動き（心身の動き）を深くとらえることができたなら、相手の勢を制することも可能となるのである。「聴勁」はそれ自体が具体的な動きを持つわけではない。まさに秘された存在なのである。しかし「聴勁」が利いているからこそ技は「花」を持つこととなるのである。

三十則　相手の力の尽きた機を使う

旧力、ほぼ過ぎ、新力いまだ発せず。

（相手の力のすき間を知る。）

神仙道では「天機を盗む」であるとか、「天機は漏らさず」などと言われ、「天機」ということを非常に重視する。「天機」とは「天の機密」のことであるが、「天の機密」とは「天の変化の時」のことでもある。神仙道では、あらゆるものは変化をしていると考える。そうであるから、状況を変えるにはそうした天地の変化とともに事を起こさなければならないと教えるのである。

これは太極拳や八卦拳でも同様である。太極拳や八卦拳では攻防を固定したものとは考えない。あくまで攻防は相手と自分のあいだにあって変化をしていると考えるのである。そうであるから攻防の「機」をとらえることで、自分の一の力を五にも、あるいは一〇にも使うことができると考えるのである。『剣経』では、次のような問いが発せられている。

「いかに、これ人の勢に順じて、人の力を借りるや」

相手の勢い、力を利用する方法について質問をしているわけである。この答えとして出されている

のが、

「旧力、ほぼ過ぎ、新力いまだ発せず」

である。古い力が無くなって新しい力がいまだ生まれることのない、その「時」、その「機」が重要であるとしているのである。ただ、この「機」を知ることは容易ではない。『剣経』では第一に必要なこととして、相手がどのように攻撃してきたとしてもその力と闘ってはならないと教えている。

「しばらく、かつこれを忍べ」

とあるのである。とにかく「機」の来るのを待つことが第一である、とするわけである。この待つべきが、古い力が過ぎてしまおうとして、新しい力がいまだ生じていない「時」なのである。

「しかして、これに乗れ」

そしてこの「機」をつかんだのであれば、それに乗るわけである。利用するのである。太極拳では、これを「懂勁《とうけい》」という。相手の動きの変化を知ることのできるレベルである。「機」の来るのを待ち、知ることのできるレベルである。

これができたならば、次は「覚勁」を練る。「覚勁」を得ることで相手の「機」に乗ずることが可能となるのである。太極拳では「走」であるとか、「化」であるとか言われることができるようになるのである。「走」とは相手の力を導くこと、「化」とはそれにより相手の攻撃力を無にすることである。

つまり「走」「化」を行うとは、機に乗じるということなのである。しかし、この「機」に乗ずるのにもレベルがある。

「上乗は落たり、下乗は起たり。ともにこれ有るも、書にては尽くしがたし」

レベルの高いのは「落」である。低いのが「起」である。これらはともに実際に生じていることではあるが、文字として表現することは難しいとする。「起」と「落」の違いは、「起」が意図的なものであるのに対して「落」はそうしたものを含まないところにある。

「起」と「落」を中核とする武術に形意拳がある。形意拳は初めに、「起」の修行をする。これがなった後には「落」の修行に入る。「起」の修行が、易骨、易筋の修行である。「落」は洗髄の修行である。易骨、易筋とは、肉体を鍛錬することである。一方、洗髄とは精神の修行である。「落」の修行があることで、形意拳は道芸（道《タオ》と一体となった武芸）とされるのである。ただ多くの形意拳修行者は、「起」をのみ練って、「落」を練ることを知らない。ために、本来道芸である形意拳が武芸の範囲にとどまってしまっていることが多い。

「起」の修行とは剛の修行である。「落」は柔の修行である。

形意五行拳は主として「起」を、十二形拳は「落」を練る。形意拳に八卦掌が取り入れられたのは柔らかな八卦掌が「落」の修業を補完するものとして有効であったからである。こうして「起落」が整って初めて「機」を自在に使えるようになるのである。

三十一則　実戦には胆力がなければならない

武芸は胆気の元臣となす。
（武芸の根本は胆力である。）

日本では、柔道でも剣道でも道場で稽古をするというのが一般的である。こうした傾向を受けて中国武術も体育館など屋内で練習されることが多いように思われる。かつて中国では、家の中庭や裏庭あたりが練習場所であった。現在はそうした空間のある住居も少ないので公園などで練習されている。太極拳や八卦拳の稽古は自然と一体となることを目的としているのであるから、自然の中で練られるのが好ましいのである。たしかに室内であれば春夏秋冬ある程度整った環境を保持することができるが、これは実戦ということからすれば非常によろしくない。いろいろな自然の状態と自分との折り合いを見いだすのが太極拳や八卦拳の稽古なのである。こうしたある意味で厳しい環境の中で拳を練ることで、自ずからその人の内面の力が養われてくるのである。

『陣記』では、胆力こそが武術の稽古において練られるものであるとの指摘がある。

「武芸は胆気の元臣となす」

つまり「元臣」とは、第一の臣下ということである。胆気の第一の臣下が武芸であるとしているわけである。それでは「武芸」はどのようなものとして位置付けられているのであろうか。ここに引用した一節の前には、

「陣法は武芸の綱紀をなす」

とある。陣法は武芸の根本であるということである。つまり、

胆気—武芸—陣法

となるわけである。これは、陣法を知りたかったら武芸を習得すればよい、武芸を習得すれば胆気を養うことができる、ということである。つまり、陣法を知り、胆気を得たならば、完璧な武芸を使うことができる、ということでもある。『陣記』のこうした考え方は武術の稽古と実際の合戦とを一連のものとしてとらえようとしたところに生まれた考え方である。『陣記』では武術の鍛錬を最終的には合戦へと導きたいわけであるが、これを「武芸」を中心に考えれば、武芸を練ることで胆気を養うことができ、陣法も知ることが可能となると理解することもできるのである。この場合の「陣法」とは、攻防の「理」ということになろうか。

昨今の中国武術はあまりに技に偏重しすぎているようにも思われる。太極拳でも八卦拳でも、相手が上段を打ってきたらこのように対する、などといった視点のみに偏重しているように思われるのである。個々の技は太極拳や八卦拳などの攻防の理の中にあるものであるから、まずは攻防の「理」をよく知らないとそれぞれの技の意味を正しくとらえることもできないのである。つまり武芸＝技を

真に体得しようと思うのであれば「理（陣法）」と「胆気」を得なければならないのである。

また「胆気」については、武芸との関連で触れられることも少ないように思われる。日本の伝統的な武術では、根性をつけるなどということがかつてはよく言われたものである。しかし『陣記』にある「胆気」とは、ただの忍耐心をいうのではない。『陣記』を著した何良臣《かりょうしん》は戚継光《せきけいこう》の次のような言葉を引用している。

「手足を操《あやつ》るの号令は易《やす》し。しかして心気を操るの号令は難《かた》し」

兵士の身体の動きだけを命ずる号令は簡単であるが、兵士の気持ちをも操る号令は難しいというのである。これは陣法を説明する中に引用されていることであり、その根本にあるのは「胆気」をもって号令を発せよ、ということである。「胆気」をもって号令を発することで、号令を発している中に兵士の心をとらえることができるようになるのである。

これは武芸でも同じで、ただ打ったり蹴ったりの動作が速かったり、強かったりするだけでは相手を制することはできない。相手を制するには相手の心を制する必要がある。相手の心を制してしまえば相手は動くこともできなくなる。「胆気」とは、ゆるぎない心のことである。「自分はこれでいく」と心に決めることである。

大柄で動きが鈍そうな相手には蟷螂拳で翻弄をして、体力に劣るような相手には八極拳で撃破する、などと考えていたのでは「胆気」を練ることはできない。どのような相手でも、蟷螂拳なら蟷螂拳で、八極拳なら八極拳で対するという気持ちが重要なのである。親鸞は、念仏だけで救われるとする法然の教えについて次のように述べている。

「たとい、法然聖人にすかされまいらせて、念仏して地獄におちたりとも、さらに後悔すべからずそうろう」

たとえ法然にだまされて、教えられた念仏だけをしていて地獄におちたとしてもまったく後悔はしないというのである。本当に実戦において有効なのが太極拳であるのか、八卦拳であるのか、あるいは鶴拳であるのか分からない。しかし、自分が「これ」と選んだものを信じて練ることで、ゆるぎない気持ちである「胆気」を養うことができるのである。

かつて形意拳の郭雲深は、半歩崩拳のみであらゆる試合に勝ったという。また、相手は崩拳を警戒していても、やはり崩拳を決められたというから、郭雲深には相当な胆気があったのであろう。そうであるからこそ「ここぞ！」という時に迷うことなく崩拳を入れることができたのである。

たいがいの人は自己保身の気持ちがあるので、ちょうど良い時に一〇〇パーセントの力を出せずにいる。それは胆気に欠けるからである。胆気のある人は機を見て自己の持てる力のすべてを出す。これはビジネスなどでも言えることで、一代で財をなすような人は、大きな勝負に強い人、胆気のある人である。

三十二則　弱い相手も油断してはならない

芸をもって、人をあなどるを許さず。
（技の優劣だけで、相手を見くびってはならない。）

どのように武術は修練されるべきか。これは重大な問題である。それについて『渾元剣経』には知っておくべき教えが記されている。「戒律十二条」である。「戒律十二条」は、「四宜《ぎ》」「四忌」「四勿《ぶつ》」からなっている。「四宜」とは、行うべきことである。「四忌」はやってはならないことである。「四勿」は伝承に関することであり、「戒律十二条」が実に用意周到なものであることが分かる。

まずは「四宜」である。ここでは忠孝や義勇が勧められる。言うならば人として宜《よろ》しく行われるべき行動をとれ、ということである。社会的な規範は絶対的なものではないが、これをある程度は遵守しなければ思いがけないところに敵を作ってしまうことにもなりかねない。

この中で特に注目すべきは第三に記されている内功である。

「内功は、まさに間《なおざり》にするなかれ」

内功を軽視してはならない、ということである。内功とは自分自身を見つけることによって得られる力である。「静」をもって自らを見つめることで、自身の心身の動きを深く知ることができる。これが内功を深めるということである。

そして第四には、外功があげられる。

「外功は、まさに実践すべし」

外功はよく練習をするようにということである。外功の中心は套路を繰り返し練ることで得られる。套路には本来あるべき呼吸が含まれている。それは套路になじまなければ分からないことである。套路になじめば自ずから適切な呼吸を得ることができる。適切な呼吸が得られれば、自ずから心身の働きも適切なものとなるのである。

内功、外功を深めようと思うのであれば、ただ内功、外功の練習をしていればよいのではない。これらは第一、第二にあげられる忠孝や義勇といった社会的な実践と一つになって深められるのである。真の忠孝を実践するには内功、外功が熟していなければならない。また真の義勇を実践するにも内功、外功が充分でなければならないのである。

次の「四忌」は、やってはいけないことである。

一、むやみに目新しいことを習うのに関心を持ってはならない。

二、いろいろな門派の功力をむやみに集めてはならない。

三、いたずらに名声を求めてはならない。

四、喧嘩や試合をむやみにしてはならない。

これらは、現代においても充分注意しなければならないことである。武術にはいろいろな套路がある。それぞれは味わいの深いものであるが、武術を修行するということからすれば套路を深く学ぶという視点を欠くことはできない。多くのことを知りたいと思うのは非常に良いことである。しかしそれは新しい套路の習得を第一とするのではなく、一つの套路を深く学ぶところに求められるべきことが教えられているのである。それは第二の戒めにも関わってくる。むやみに多くのことを学んでしまうと、いろいろな門派の「功力」が混在することにもなりかねない。これでは武術の真の功力を得ることができなくなる。

そして「四勿」は、伝承についての戒めである。

一、好ましくない人には伝えてはならない。

二、奢りや粗暴なふるまいのある人には伝えてはならない。

三、賢い人でも好ましくない人物であれば弟子にしてはならない。

四、（伝授をするにふさわしいとして弟子にした人には）秘訣はあますところなく教えなければならない。

初めの三つは弟子を選ぶ時の注意事項である。そして最後は教える側への要求である。伝えるのにふさわしい弟子であれば教えを惜しむことなく伝えなければならない、ということは大変に重要である。法の伝授とは個人の好悪を超えたところでなされなければならないからである。自分にとって教えた方がつごうが良いから教える、つごうが悪いから教えない、というのではいけない。教えられる人がふさわしいかどうかを判断して、惜しむことなく伝授はなされなければならないのである。

戒律十二条には「四権」が付されている。「四権」の「権」とは「はかりごと」で、試合での注意点が述べられているのである。

第一にあるのは「真の心」をもって相手に対することである。

「心性を選びて相い投じ、喂《い》手の助けとなすを要す」

喂手とは手合わせということである。心性のあり方が手合わせの助けとなるようにしなければならないということである。そして、それは「真の心」でなければならず、相手を侮るようであってはならないと戒めるのである。

第二には、強さにたよって弱さを圧倒しようとしてはならないと戒めている。これは練習の時の留意点でもある。体力的な速さや強さで相手を圧倒するような練習では「技」が身につかない。武術家の行う試合は武術を学ぶ方法の一つである。勝てばよいというものではない。そうであるから、試合をする時には自分にとって学ぶべきことがあるかどうかをよく考えて行うべきである。

第三には、

「芸をもって、人を侮るを許さず」

とある。自分の技の高いことを奢ってはならないということである。そして、

「まさに謙卑を自《みずか》らの処《ところ》とすべし」

と戒めている。謙虚な気持ちで相手に対することがなければ思わないところで不覚をとることとなる。

第四には、

「心は虚にして、神を完《ま》ったくす。慎の中にも慎を再びす」

とある。心は虚で、神は充実している。そして慎重のうえにも慎重であるようにしなければならないという戒めである。そうすれば、

「もろもろに害の致《まね》くを免《まぬか》る」

とある。諸害を免れるというのである。何事においても、自分の能力に奢りを持てばどうしても注意力が低下してしまう。これが失敗の原因となるのである。「四権」は試合だけではなく、ビジネスシーンや日常の生活においても充分に活用できる戒めである。

こうして見ると「戒律十二条」は、つまり「四権」とは武術の修行と日常の生活を一つのものと考える視点でもあるのである。「四権」に帰結するものであることが分かる。

三十三則　攻めるべき時に攻め、守るべき時に守る

動なればすなわち攻むるをなし、静なればずなわち守るをなす。
（動にあっては攻め、静にあっては守る。）

武術には「動」をベースにするものもあれば、「静」をベースとしているものもある。ここ何年かは、空手の試合でも飛び跳ねるような動きをする選手が目立つようになった。これは、動いていた方が、攻撃のチャンスをつかみやすいからである。本来空手の試合とは、型から約束組手、自由組手とする一連の流れの中にあって自由組手を競うものであった。しかし競技のルールの関係で、より確実に勝つには攻防を考えるよりも当てることを考えた方が効率がよいことが周知されるようになって、攻防の間合いを練るための自由組手というよりはただの「当てあい」の要素が強くなった。その結果、飛び跳ねるような身法が出てきたのである。飛び跳ねるような身法は、こちらの間合い、呼吸を読まれてしまうので、一撃で有利不利が決してしまうような実戦では使えない。

おもしろいことに中国武術でも、間合いをあまり考えることなく、攻撃を第一とするような武術がある。とにかく速く攻撃をするために息を止めてひたすら攻撃をするのである。套路を練る時も息を

止めてひたすら速く動くようにする。むろん、こうした練習では間合いや呼吸を練ることはできない。このように「動」に偏した門派は一見して実戦的であるように思われるが、実際は心身に悪い影響をもたらすし、実戦にあっても有効に技を使うことはできないのである。

ある意味において「動」をベースとする門派が実戦的に見えるのに対して、「静」をベースとする太極拳や八卦拳では攻防の方法がよく理解されない。王宗岳は太極拳を論じた文章で、

「太極は無極に生じ、陰陽の母なり。動なればすなわち分かれ、静なればすなわち合う」

としている。太極は無極から生まれ、陰陽の母である、とあるのはよいとして、「動」であれば分かれ、「静」であれば合わさる、とあることには留意しなければならない。これを理解するには、太極拳の秘訣の一つである「打手歌」に「合えばすなわち出る」とあるのを知らなければならない。つまり、太極拳では相手との一体化をする「合」があって、その後に攻防を行う「出」となるのである。そして、王宗岳の述べているように「合」とは「静」なのである。「出」あるいは「分」とは「動」なのである。そして、これらはすべて太極の働きなのである。動と静については『武編』に次のように記されている。

「動なればすなわち攻むるをなし、静なればずなわち守るをなす」

これは槍術の秘訣について述べたものであるが、攻めるのは「動」を主体として行われるのであり、防御は「静」をベースにするとある。これはあたりまえと言えばあたりまえのようにも思われる。しかし同書ではこれを、

「もって無為たるは、これなり」

としているのである。「無為」であるとは、自分でかってに動くのではないということである。相手の動きを受けてこちらが動くのである。それは相手の動きの後で動くのではないし、先に動くのでもない。言うならば相手とともに動くのである。これを太極拳では、「相手が動かなければ、こちらは動かない。相手が動いたならば、先に自分が動いている」と教えている。

およそ動きは、意の働きが先にあって実際の動作が行われる。通常は、実際の動作が始まる時点での対応を「後の先」であるとか「先の先」であるとか言うのである。ちなみに「後の先」とは、相手の動きを見てこちらが動くことである。これは攻防においては遅れをとることになるが、相手の攻撃を充分にとらえられるという利点がある。一方「先の先」は、相手が動く前にこちらが動くのである。これは主導的に攻防を行うことにおいて利点がある。

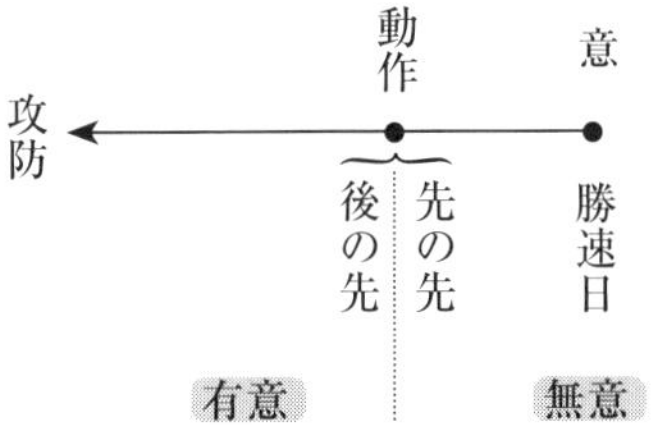

太極拳では、相手の「意」が動いた時点で、具体的に現れるであろう動きに対して動くのである。ために具体的な動きにあっては、相手の動く少し前に対応することが可能になるわけである。一般的な人の動きは「意」があってそれを受けて動きが起こる。これは言うならば「有為」の動きである。一方太極拳などでは、「意」を介さないで反応をする。これは「無為」の動きである。太極拳の修練とは、こうした「無為」の動きを得るためのエクササイズなのである。

このような「無為」の働きを、植芝盛平は「勝速日」と言っている。「日」は「霊」である。「意」を超えてすばやく動く働きのことを言っているのである。『武篇』には、

「およそ攻めて交垢《こうこう》に至り、気を得たる処にて止《や》む」

「交垢」とは、交わる、ということである。「むすび」ということである。相手と交わって、その気を感じたところで攻撃は止める、というのである。これ以降は相手の動きに応じての動き、すなわち「無為」の動きとなるわけである。これを太極拳では「捨己従人」と言う。自分を捨てて相手に従うというのであるが、ただ相手の動きに合わせただけでは相手を制することはできない。相手と交わった時に、相手の「意＝気」の働きを感じて動くのである。

相手の気の動きを感じたならば、相手の意の動きをとらえることができる。そうなれば、実際に相手の動きが始まる前にこちらが動けるようになるのである。こうしたことのベースになるのは、「交垢」である。相手を制するには、まずは相手と一つになることが大切なのである。相手を制するとは、相手との関係性を絶つことではない。友好的ではない相手との関係性を継続することなのである。

この根底にあるのは、人はどうしても個人では存在しえないとする考え方である。「不倶戴天」という語もあるが、どのように敵対する相手であっても、ともに天を頂かないという状況はありえない。そうであるなら、一定の「むすび」を前提として相手をコントロールすることを考えるのがより妥当であるということになる。無理に人為を交えることなく、自然そのままで、動くべき時に動き、待つべき時に待つ、こうすることでベストなパフォーマンスが可能となるのである。

三十四則　技よりも心を使う方が難しい

技を用いるは易《やす》し。心を用いるは難《かた》し。

（技を使うのは簡単であるが、心を使うのは難しい。）

人がより良く生きるとは、どのようなことなのか。太極拳や八卦拳では、「柔」と「静」にそれがあると教えている。ために太極拳や八卦拳は「柔」や「静」を得るためのシステムとなっている。近代になって形意拳の王向斉《おうこうさい》は、大成拳なるものを創始した。大成拳はいろいろな中国武術の影響を受けて成立したものとされるが、その基盤となるのは站樁功である。日本では一部にこれを立禅と称することもある。一定の姿勢をある程度の時間続けるこの功法は、本来的には形意拳のものである。こうしたことからしても大成拳が形意拳の強い影響のもとに成立したことは確かである。

站樁功は、多くの門派で馬歩を中心に稽古体系の中に含まれているが、通常はそれぞれの動作を数分間行うにすぎない。形意拳のように二〇分、三〇分あるいは一時間も行うことはほとんどない。八卦拳などは「八卦拳は、走をもって先となす」とあるように、円周上を歩く鍛錬を第一とする。こうしたことからすれば、形意拳で站樁功（子午樁）が非常に重要視されているのは特異でもある。形意拳で子午椿が重視されるのは、形意拳のあらゆる動作が子午椿を基本としているからである。形意拳のあらゆる動きは子午椿の変化にすぎない。そうであるから形意拳では子午椿をひたすら練るのである。

形意拳は李能然が、自らの習った心意拳のエッセンスとして作ったものとされる。ではどのようにして心意拳のエッセンスを得たのか。それは「中段の構え」である。李能然は、心意拳のすべての動作の根本にあるのは中段の構えであることに気づいたのであった。これはまた、あらゆる武術の根本でもあった。そうであるから、李能然はひたすら「中段の構え＝子午椿」を磨こうとしたのである。ひたすら中段の構えをとり続ける子午椿の鍛錬は、どのような時でもこの構えから力を発することができるように練られなければならない。しかし多くの人は、ただ足の鍛錬のように思って子午椿を練っている。子午椿は、静の中で動を養うことができなければ意味がないのである。

こうした中で形意拳が開いたのは「静」への道であった。「静」を得ることで、形意拳は武芸から道芸へと変容していったのである。大きく言えば王向斉の大成拳も、形意拳の道芸への変容の流れのなかに位置付けることができる。また、形意拳の単純化された動きは『手臂録』にある、

「技を用いるは易し。心を用いるは難し」

の教えを思い出させてくれるものでもある。つまり、技を使うのは簡単であるが心を使うのは難しいということである。形意拳で動きを単純化したのは、もっぱら動きを練るのではなく心を練ろうとしたためではなかったかと思われるのである。しかし、形意拳は最後まで闘いを捨てることはなかった。

一方で太極拳は攻防のくびきから逃れることができた。こうしたことの背景にあるシステム的な問題点とは何であったのであろうか。

「手足の運用は、心によらざるはなし。心火熾《さか》んならざれば、四大おのずから静たり」

これは、手足の運用はすべて心によるものであり、心の働きに静を得ていれば四大は自然と静かなものとなるということである。一般に「四大」とは、地、水、火、風のことである。しかし、ここでは四肢、または人体と解するべきであろう。つまり心が静かであれば、体の働きも自ずから静を得ることができるということである。

形意拳がシステムとして完全に道芸の領域に入ってしまうことがなかったのは、動きの激しさを残している点にある。形意拳の激しい動きも、その中に静を含ませることはできないことはないが、それは秘伝を得なければかなり難しいことである。太極拳のようにもともと静かな動きの方が静になじみやすいであろう。しかし、形意拳も近代になって「雷声が失われた」とされるように、激しい踏み込みなどは徐々になくなって、静かな動作になっていった（雷声とは踏み込みの時の足の音とも、気合いとも言われる）。

孫禄堂の形意拳も柔らかで静かなものとなりつつあった。しかし、こうした柔らかで静かな形意拳では、形意拳本来の力を出すことが難しくもなったのである。近代になって一方で孫禄堂のようなより柔らかく静かな形意拳が追究された反面、尚雲樵《しょううんしょう》のようにきわめて激しい形意拳も追究された。また形意拳が太極拳と共に習われる傾向も生まれた。そうなると道芸としての心を開く部分は、もっぱら太極拳に求められるようにもなってきた。

これは形意拳だけではない。八卦拳や蟷螂拳などでも、あるいは中国相撲（摔角《しゅっかく》）でも太極拳が取り入れられた。現代社会にあって武術をして殺し合いをするのは現実的ではない。今日、武術が求められているのは、武芸ではなく道芸としての部分であろう。その意味において太極拳の存在意義はきわめて高いと言わねばなるまい。

三十五則　機によって技を使う

それ剣は見なり。機を見て作《な》すなり。

（剣を使うには「見」が使えなければならない。つまり、機を「見」て使うのである。）

この世は動いている。天の星も動いているし、川は流れ、季節は移り変わり、人には生死がある。およそ森羅万象、あらゆるものが動いて止まることがないのである。これを釈迦は「諸行無常」と言った。あらゆるものは変化をしている。そうであるからそれを変わらないもののように思うところに人の苦しみが生まれる、と悟ったのである。

『渾元剣経』では、剣は変化を見て行うべきものであると教えている。

「それ剣は見なり。機を見て作《な》すなり」

それではここにある「機」とはどのようなことなのであろうか。

「機は枢《かなめ》なり。枢とは腕手の活動これを謂《い》うなり」

つまり機の「枢」となるのは腕手の動きであるとするのである。相手の腕手（手首）を見ることでその動きを知ることができると教えているのである。

「あらかじめ枢を知るは、よくその機を防ぎ、勝に致すの由《よし》なり」

あらかじめ「枢」、つまり相手の手首の動きを知ったならば、相手の攻撃を防ぐことができる。これが勝ちを得るための道筋であるというわけである。剣術であればまず第一に相手の剣の動きに気がいってしまうものである。しかしこれはよろしくないというのである。ここで教えているのは、剣の運動を知ろうとするのであればそれが生じる元の運動を見なければならない、ということである。

あらゆる動きは、それが実際に現れる前に兆しが出るものである。これをとらえることが大切なのである。もちろん手首の動きは肩から生まれ、肩の動きは体の軸や腰から生まれるのであるが、あまりに運動の発生する場所から遠いと兆しは希薄となり分かり難い。「機」をとらえるには運動を発声させる部位を見ればよいのである。これは徒手の場合でも同じである。

「その由来を知れば、よくその源にゆきわたる。その流れを塞ぐ、これ勝たざるの理のあるや」

何事においても、由来をたどると源に行き着くものである。そこで動きの源と動きとの間を断つ、そうすれば勝てない理は無いというのである。中国武術で言うところの「断勁」である。（これ勝たざるの理のあるやの「や」は疑問ではなく、強意である）。

「機」とは実際の運動の起こる直前に生ずるものである。これをとらえたならば、すぐに対応しなければならない。この対応が遅れるといくら「機」をとらえることができても、相手を制することができなくなる。

そうであるから、一つには「機」をとらえる内的な鍛錬が求められるのであり、そしてもう一つは、それに対応する外的な鍛錬が求められるのである。しかし重要なことは、内的鍛錬と外的鍛錬が同時に行われなければならないということである。外的な動きの中で内的に「機」をつかめなければならない。また、内的な「機」をつかむ知覚と一体となって動きはなされなければならない。

中国武術の中には内功と外功をそれぞれ別のものとして練る門派もある。ある意味で、少林拳では内功の鍛錬も外功の鍛錬も最高度のレベルまで至ったとすることができるであろう。しかし、それでも限界のあることを張三豊《ちょうさんぽう》は悟ったのである。最高度の内功を練ること、あるいは最高度の外功を練ることは、ある意味において中庸を欠くことになる。簡単に言えば「やりすぎ」となることを悟ったのである。

内的鍛錬を最高度にまで高め、外的鍛錬を最高度にまで高めても、それを使う時には内的なものと外的なものとが一つになって使われなければならない。少林拳ではそのシステムが充分に構築されていなかったのである。そこで張三豊は、内外の功を最大限に引き出して練るシステムを考案したのである。それが、ゆっくりと動くということであった。ゆっくりと動くことで内外のバランスを協調させながら心身を練ることができるようになったのである。

こうした太極拳の持つ世界観は「一」である。すべては「一」つのシステムとして動いているとする考え方であった。内的な力も、外的な力も、「一」つのものとして動いているのである。ために自分も他人も、「一」つのシステムの上で動いている。攻防における「機」とは「乱れ」のきざしであるから「機」をとらえるにはすべてが「一」であるとする調和を会得しなければならない。相手も自分も大宇宙という一つの大きなシステムの中に居ることを知らなければならない。

つまり「機」を知ることは大いなる調和を知るということであり、ここに内なる鍛錬も外なる鍛錬も一つになるのである。

三十六則　形にとらわれない

この中、無形に変じ、無声に動く。学ぶ者は留意せざるべからず。

（形も声もないところに、応じて動く。こうしたことに修行者は留意をしなければならない。）

呉殳は『手臂録』の中で、少林寺の武僧である洪転の論を引用して次のようにそれを評している。

「見識、高深細密の極みなり」

非常に深く、細部にわたる見識を有している、というのである。これは洪転の柔をして剛を制する方法について評したものである。洪転《こうてん》の柔をして剛を制する方法の第一にあげられているのは「さばき」により攻撃を無効にすることである。たしかに「さばき」を用いれば、小さな力で強い攻撃に対することが可能となる。植芝盛平も戦前や戦中は、合気道の動きの原点を「さばき」としてとらえていた。中国武術では蟷螂拳などが「さばき」に優れている。蟷螂拳は、蟷螂捕蟬式という独特の「さばき」の構えを考案した。これは通常の「中段の構え」を、より「さばき」を使いやすい形に変えたものである。ほかにも、詠春拳《えいしゅんけん》も高度な「さばき」を有している。

詠春拳のベースは鶴拳に「さばき」を加えたものである。そしてその上に、さらに「さばき」を中心に形を洗練させている。しかし「さばき」は良い方法ではあるが、一〇の力に五か六では対抗できるものの、二や三のように力の差が大きすぎるとやはり対応は困難となる。

次に洪転が述べているのは「気力落空」である。これは陰陽の転換を用いる方法で、太極拳で「引進落空」の秘訣とされているのと同じである。合気道では「入身転換」と言う。従来の武道では「入身転身」であったのを、植芝盛平は「入身転換」と称するようになった。「入身転身」は「さばき」の技法であり、相手の攻撃を入身によりかわして転身で逃れるのである。これに対して「入身転換」は陰陽の転換を用いるもので、入身で相手の攻撃をかわしたら、転換によって攻防の主導権をこちらに得るのである。

転換の時に「気力落空（引進落空）」が用いられるわけである。これを少しく具体的に言うなら、相手の攻撃してくる勢いにわずかに力を加えることでそのバランスを失わせるのである。人はバランスを失うと、それを立て直すことを第一に行おうとする。ためにそれ以外の行動はとれなくなる。攻撃されても反撃のできない状態となるわけである。

「気力落空」も非常に高度な技なのであるが、驚くべきことに洪転はさらに上の技についても論じている。

「我、軟勢呑吐《なんせいどんと》をもって進み出て、彼をして防がしめず、我進みて後、たちまち硬力を用いて、疾速に彼を取る。これを軟を借りて硬を用いるという」

「軟勢呑吐」の「呑吐」とは呼吸のことである。「軟勢呑吐」は、呼吸とともに用いられる軟勢である。これは植芝盛平の言う呼吸力と同じである。呼吸を使うことで軟（柔）だけではなく硬を使うことが可能となるのである。また「疾速」をも得られるのである。これはまさに「勝速日」の働きそのままである。「勝速日」は合気の奥義であり、それは『古事記』の神話に見ることができる。

『古事記』の国譲りの段には、高天原の神であるタケミカヅチの神が国譲りをめぐって出雲のタケミナカタの神と力くらべをする話が記されている。

タケミナカタの神がタケミカヅチの神の手を取ったところを、次のようであったと記している。

「かれその御手《みて》をとらしむれば、すなはち立氷《たちび》にとりなし、また剣刃《つるぎは》になりなす。かれここに懼《おそ》れ退《そ》き居《お》り」

力くらべをしている時にタケミカヅチの神の手が初めは氷のようになったというのである。これは「軟勢呑吐」を使ったからである。氷のようにしっかりしてはいるがつかみ所がない状態である。合気のかかっている状態であり、呼吸力が利いている状態でもある。

そして次にタケミカヅチの神の手は、剣の刃となったとある。これは「硬力」を使ったためである。『古事記』にも「刃」とあるので端的に分かるが、攻撃的な力が働いているのである。こうして見ると合気道で行われている坐っての呼吸（力鍛錬）法は、タケミカヅチの神の神話をそのままに行っているとすることもできるのである。

「軟勢呑吐」のような呼吸力は、どのようにして身につけることができるのか。これについては、次のようにある。

「この中、無形に変じ、無声に動く。学ぶ者は留意せざるべからず」

形にとらわれていたのでは機を正しくとらえることはできない。「無形に変じ、無声に動く」とは、盛平の言うところの言霊《ことだま》で動くということである。こうした感覚が開くことで攻防を超えた攻防が可能となるのである。攻防において攻防を超えるとは、自在の境地を得ることである。見える「形」や、

◉廓庵禅師十牛図

1　尋牛
2　見跡
3　見牛
4　得牛
5　牧牛
6　騎牛帰家
7　忘牛存人
8　人牛倶忘

9　返本還源

10　入鄽垂手

聴こえる「声」のとらわれから脱するのである。そして無為、無我の中での「知覚」を得るのである。こうした世界を神仙道では先天という。「虚」の世界である。虚の世界は、過度の執着が抜けることで見えてくる。太極拳で言う「己を捨てる」ことができれば、自然と理解される境地でもある。

禅の教えを十枚の絵で記した十牛図なるものがあるが、この第八「人牛倶忘」はただの円相である。そして「返本還源」となり「花は紅、柳は緑」の境地に達するのが、第九である。無我となること（第八）で、世界がそのままに見えてくる。これは「機」をとらえることのできるようになった境地である。太極拳では「己を捨てる」の境地となる。

そして十牛図の最後は、街に帰る、である。第十になると他人との関わりが出てくる。これは太極拳で言うところの「人に従う」である。洪転の言う「軟勢呑吐」の使える境地である。太極拳では、第九と第十の境地をあわせて「捨己従人」と言う。

三十七則　相手を侮らない

敵に怯《おび》ゆれば、己は必ず害を受く。敵を軽んずれば、またその計を受く。

（怯えの心があれば、必ず失敗をしてしまうものである。おごりの心があれば、相手の計略にはまってしまうものである。）

現代日本でもっとも実戦的な「武術」の練習がなされているのは、警察や自衛隊かもしれない。実戦とは、命のやり取りに関わるという意味でである。一般の武術を練習している我々は、「実戦」といってもせいぜいが真剣勝負やケンカの類いで、余程のアクシデントでもなければ命を落とすようなことはまずない。ただ警察や自衛隊で練習されている「武術」は、一流の奥義を極めるようなことが求められているわけではない。攻防の基本が体得されればそれでよいのである。そうであるから実戦的といっても技として高度であるということではない。警察などで「武術」が練習されるのは逮捕制圧を目的としている。言うならば逮捕術の補完という位置付けとなろう。

ある意味、実戦は「勘」と「度胸」である。次に「体力」、それから攻防の技術もあって邪魔にはならないという程度であろうか。高度な攻防の技術は攻撃のためというよりも護身のために考案されたのである。ただ攻防だけをいうのであれば、毎日サンドバックに突き五〇〇回、蹴り五〇〇回くらいをして四～五キロも走って、時に「実戦」をすれば充分であろう。

長い時間と労力をかけて実際には使うことのない技を修練するのはどうしてであろうか。人の営み全般に言えることであるが、人が生きる価値とはひとえに「自己完成」にある。人は、人として生まれてきただけではただ動物のヒトとして存在しているだけで、本当の意味での人としてあるのではない。人がほかの動物と違うのは文化教養を持つところである。動物は非常に優れた知覚や技能を身につけているが、それは本能としてあるに過ぎない。動物は本能以上の知覚や技術を身につけることはない。一方、人は技術を習ったり知識を得たりすることで自分にはないものを身につけることができる。こうして動物としてのヒトから本当の意味での人となるのである。空海は『秘密曼荼羅十住心論』でヒトから人への目覚めの階梯を述べている。

第一にあげられているのは、いまだヒトの状態で、これを「異生羝羊心《いしょうていようしん》」としている。動物（牡羊）の心ということである。そこでは「我、我所の執」を常に胸に抱いているとする。自分（我）や自分の持ち物（我所）だけにとらわれているというのである。自分だけが良ければそれで良いとする段階である。

これに続くのが「愚童持斎住心《ぐどうじさいじゅうしん》」である。ここにおいて、初めて人としての一歩が始まる。しかし、これは愚かな子供と同じレベルである。わずかに倫理道徳の必要性を感じるようになるのみである。

以下、『秘密曼荼羅十住心論』では、十段階にわたって人がホトケになるまでの階梯を説いている。最後には「秘密荘厳心」として真言密教の境地へと導くのであるが、ここではその第二まででよかろう。

第二の「愚童持斎住心」のレベルで初めて我執から一定の距離を置くことができるようになる。自分だけではなく他人との関係を考えることができるようになるのである。

「敵に怯ゆれば、己は必ず害を受く。敵を軽んずれば、またその計を受く」

このように『渾元剣経』では、敵を過度に畏れれば攻防において失敗をしてしまうし、過度に軽視をすると計略にはまってしまうと教えている。相手を過度に恐れるのも過度に軽視をするのも相手が見えていないからである。つまり「異生羝羊心」のレベルにあるのである。『渾元剣経』では、そうした心のレベルでは、正しく武術を使うことはできないと教えているわけである。

まずは「愚童持斎住心」になって他人への気遣いができなければならない。これができるようになれば、相手の心身の状態をよく知ることができるようになる。それはまた自分自身の心身のあり方を知ることでもある。武術の修練はあくまでも護身にあるのであり、闘いに勝つよりも闘いそのものが生じないようにすることが大切なのである。ここより「道」の稽古に入ることができるのである。

中国でも日本でも武術の稽古では「礼」が重んじられる。それは敵ではあっても、相手を敬う気持ちがなければならないからである。たとえ実戦の試合であっても、相手を不必要に傷つけないようにしなければならない。また稽古にあっては、相手にケガをさせないように配慮をしなければならない。こうしたことを日々の稽古で積み重ねていけば、自ずからどのような相手にも敬いの気持ちをもって接することができるようになる。そして争いそのものが起こらないようになる。これが本来の武術のあるべき境地なのである。

三十八則　謙譲と尊敬の気持ちを持つ

謙をもって自らを馭《ぎょ》し、敬をもって人に接す。

（自分は謙《へりくだ》りの気持ちを持ち、他人には敬いの気持ちを持つ。）

よく「兵法」は「平法」であるとされる。これにはいろいろな解釈がある。闘いの法である「兵法」は、そのまま日常生活にも応用できるとする理解もある。これはサラリーマンのための孫子といった類いのビジネス本などでよく見ることができる。また、兵法とは戦いの法ではなく、戦いを起こさないようにするための法であるとする理解もある。あるいは宮本武蔵の言うように武術を「小の兵法」として、合戦を「大の兵法」とする教えもある。これは、武術の稽古が合戦にも応用できるとするものである。

「戈を止める術は、備えるべくして、用いることなかれ。あに用いるべくして備えのなからんや」『渾元剣経』では、「武」という字を「戈」と「止」で構成されていると解する。そのうえで「武」を「戈を止める術」としているのである。武術は相手を攻撃する方法ではなく、あくまで防御をする方法であるとしているわけである。その上でさらに、こうした防御の方法を用いないですむようにしなければならないと教えているのである。更に武術を使う場面がまったく無いわけではない。そうであるから武術の鍛錬を怠ってはならないとしている。反対に言うなら、武術を用いる場面は生活の中で必ず想定される、ということである。ゆえに、その備えが無いのは、きわめてよろしくないとしているのである。

ここでおもしろいのは、同書では「戈を止めるの術」と「戈を止めるの法」を区別して用いている点である。「戈を止めるの術」である武術は、攻防において自らを守るための術である。しかし、「戈を止めるの法」は、攻防そのものが生じないようにする法なのである。具体的には次のような生き方をするべきとある。

「謙をもって自らを馭し、敬をもって人に接す」

すなわち自分に対しては謙譲の気持ちを持ち、相手には尊敬の気持ちをもって接するというのである。こうしたことの根底にあるのは「和」の心である。

「天の時、地の利は、人の和にしかず。戈を止めるの法は、かくの如くのみ」

時の優位、地の優位を得るには人の和を得るのが第一であるということである。「戈を止めるの法」とは、すなわち「人の和」を得ることであったわけである。これを実際の攻防で展開すると「戈を止めるの術」になるわけである。「和」の武術と言えば合気道や太極拳などが思い出される。

言うなら「戈を止めるの術」は「兵法」であり、「戈を止めるの法」は「平法」であるとすることもできるであろう。そしてこれらのベースにあるべきは「人の和」なのである。「和」の平法は「礼」として儒教などで研究された。しかし「和」の武術の確立は容易ではなかった。武術であれば相手を倒すことが前提とされるからである。

しかし張三豊は「粘」ということを見いだした。合気道でいう「合気」である。これにより相手と一体化しつつ相手を制することができるようになったのである。それまでは相手の動きを断ってこちらが主導権をにぎらない限り相手を倒すことはできなかった。これでは「和」を保つことはできない。しかし、「粘」を使うことで相手の攻撃力を無効にさせ（化）、こちらの思うように導く（走）ことができるようになったのである。「粘」の良いところは、「化」だけで終われば相手がバランスを崩すだけで止めることのできる点である。また、こうしたことが具体的に可能であることが太極拳が「和」の武術である所以《ゆえん》でもある。

現在の合気道の形は、最後の投技や固技までの一連の動きを練習するようになっている。太極拳でいうなら「化」から「走」までを行っているということになる。惜しむらくは、時に「化」で止める法のあることが提示されていない点である。これは植芝盛平が、晩年は合気道の形を否定して、それにとらわれることのないよう指導したものの最後まで大東流の形への執われを脱することができなかったためと思われる。

一方、盛平の甥の井上鑑昭《のりあき》は親英体道を創始しているが、これには「化」でとめる形も提示されていて、太極拳の推手の一つである大履《だいり》に近いものがある。「和」の武術ということからすれば、親英体道は合気道より一歩進んでいる面もあるのである。ただ「化」で終わる形は、一見すると技が極っていない中途半端な感じを受ける人もいることであろう。

盛平は晩年は言霊や日本神話の世界に「逃避」してしまう。「逃避」と言えば厳しい言い方になるが、言霊や日本神話の研究を合気道にフィードバックさせる努力をもう少ししてもよかったのではないかとも思えるのである。しかしもしそれを盛平が行ったなら、合気道は一般にはより分かり難いものになったかもしれない。現在の合気道の修行者の多くが逆手や投げの武術として合気道を稽古している。そうした層が組織としての合気道を支えていることも事実なのである。

三十九則　先ずは守ることを体得する

ただよく守る者は、力おのずから閑《ふせ》ぎて、隙あらば、すなわち進む。

(よく防御を完璧にできるものこそが、相手に攻め込まれず、スキを見て攻撃することができるのである。)

赫為真《かくいしん》の伝えた「十三勢架《じゅうさんせいか》」(『太極拳譜』)には、套路にならんで四刀、四桿《しかん》、四槍が記されている。李亦畬《りえきよ》の伝えたテキストにはほかに十三刀、十三桿も記されているが、これらは四刀、四桿と重複するものであり後に加えられたものと思われる。

太極拳では現在、剣や刀、槍などが練習されている。しかし、楊家、呉家、武家などで拳の套路は、ほぼ同じであるのに、武器には大きな違いがある。これは武器がそれぞれ後に作られたものであることを示していよう。くわえて「十三勢架」には、剣についてはまったく記されていない。武術としての剣は近世あたりには廃れていたとされる。剣の伝承は、もっぱら道教にあって呪具として用いられていたのである。しかし、近代になって李景林が武当剣をひろめてから各門派で剣の套路が作られるようになったと考えられる。

四槍については「四桿と同じ」と記す。それでは四桿はというと「平刺心窩《へいししんか》、斜刺膀尖《しゃしぼうせん》、下刺脚面《かしきゃくめん》、上刺鎖項《じょうしさこう》」の四つの技が記されている。要するに真っ直ぐに突く（平刺心窩）、払うように使う（斜刺膀尖）、下段を突く（下刺脚面）、上段を突く（上刺鎖項）といったきわめて単純なものであったのである。そして、最後に次のように記すのである。

「以上、刀法、槍法は、務めて身法をはなれず。跟勁《こんけい》を講究するを要す」

つまり刀法や槍法は身法から出ているのであるから、その修練を怠ってはならないというのである。そして特にその中でも「跟勁」をよく究めるようにとの注意が示されている。「跟勁」とは相手と離れないでいることであり、粘勁と同じである。余談であるが、最後の一文に刀法と槍法しか出ていないことからすれば、さらに古い拳譜《けんふ》には四桿はなかったのかもしれない。楊家の伝書では「太極槍法」として槍法の四つの技が記されている。

『陣記』には槍の用法について、

「ただよく守る者は、力おのずから閉《ふせ》ぎて、隙あらば、すなわち進む」

と記している。そしてこれを「これ槍の訣を用いるを得たるなり」とするのである。よく槍の秘訣を使うことのできる人とは、つまりよく防御のできる人なのである。防御ができてこそ相手の隙を見て攻撃することも可能となるわけである。ここで注目すべきは「力おのずから閉ぎて」とあるところである。これは相手の攻撃が自然とこちらに達しない状態であり、太極槍のような「跟勁＝粘勁」を用いていたと思われる。「跟勁」で相手の槍をとらえていれば相手は攻撃できないし、槍が触れ合っている状態にあるのでこちらからの攻撃は容易である。また「隙あらば、すなわち進む」とする間合いも、太極拳の「合えば即ち出る」の間合いと同じであると思われる。

『陣紀』には当時の優れた槍術として、

馬家長槍、沙家竿子、李家短槍

をあげており、

「長短をよく兼ねて用い、虚実、その宜《よろ》しきを尽くす。鋭く進みて揺《ふせ》ぐべからず。速やかに退きて及ぶあたわず」

と評している。「長短」を兼ねているとは、遠い間合いでも近い間合いでも自在に使うことができるということである。「虚実」とは呼吸のタイミングである。攻めようとしてその間合いを外される。守ろうとしてその間合いを外されるのである。

「長短」「虚実」を巧妙に用いることのできた馬家の長槍や沙家の竿子、李家の短槍は、その攻撃は防ぎがたく、反撃しようとしてもたちまちに間合いをあけられてしまうといったようなものであったのである。

しかし、『陣紀』では、これより優れた槍術として楊氏梨花槍をあげている。

「ゆえに行うに守りあり、立つに守りあり、守りの内に攻殺の機を暗蔵す」

動いている時も構えている時も、いつも防御をすることができたというのである。そして防御の中に攻撃が見えない形で存していたというわけである。これは、まさに先に示した槍術の秘訣と同じである。

また、太極槍も楊氏梨花槍と同様に「守」をベースとしている。そして槍術の攻防の秘訣には、

「封、閉、捉、拿、守」

がある。これら「封、閉、捉、拿」は、「守」に収斂され、「守」は「封、閉、捉、拿」に敷衍される。つまり、「封、閉、捉、拿」は、「守」の具体的な現れなのである。

「封」は、相手の攻撃を封じて動けなくしてしまうことである。

「閉」は、相手の攻撃を入り込ませないように防ぐことである。ちなみに太極拳には如封似閉《じょふうじへい》という技がある。これは相手の攻撃を封じ（封）て反撃をできなくさせる（閉）ことなのである。「如」「似」の字が付されているのは、完全に相手の攻撃を封じたり反撃のできない状態にするのではないためである。

完全に相手の攻撃を封じてしまうことはかえって反撃のチャンスを与えることになる。完全に反撃をさせない状態は、ややもすれば反し技を許してしまうことにもなるのである。これが太極拳の陰陽変転の考え方である。多少の余裕を持つことで、陰や陽は極まることなく変転することもない。それでこそ、コントロールされた状態で攻撃は封じられ、反撃もできない状態が継続するのである。

「捉」は、相手の槍を巻き込みその攻撃の方向を変えてしまうことである。

「拿」は、相手の槍を巻き込んで槍を押さえてしまうことである。

考えてみれば「捉」も「拿」も、太極拳の攻防の特徴である。太極拳では、これらは「走」と「化」

と言われる。「走」は、相手の攻撃の方向を変えることである。「化」は、相手の勢いを利用して反撃をすることである。

つまり、ここで述べられている「守」とは、相手と一つになる太極拳の「粘」であることが分かる。太極拳の「粘」は、合気道の「合気」と同じである。これを行うには柔でなければならない。柔であることは森羅万象の生成の根源である。つまり生成の根源である「柔」を身につけることが本当の強さを得ることになるのである。

四十則　攻撃されない威厳を持つ

神、よく常に存すれば、久しくして自ずから威を生ず。

（不動の心を持っていれば、しだいに威厳が出てくるものである。）


『渾元剣経』では、古伝のテキストである『剣経』の次のような一節を引いている。

「止まるを知るは止まる。また進攻、退守の道なり」

つまり「止まる」ということが攻撃や防御の根本であるというのである。「止まる」とは、攻防を止めるということである。我々の日常にあってももっとも難しいのが「止め時」である。これを間違えるとそれまで築き上げてきたものがすべて失われてしまうことにもなりかねない。太平洋戦争においても、日本は「止め時」を見誤ってしまったのである。「止め時」は、これを失うと止めようにも止めることができなくなる。『剣経』が教えているのは、攻撃であっても防御であっても、その根源にあるのは「止める」ということであるというのである。また「止め時」を知らない人については、

「久しく戦うは、いまだ戦わざるがごとくなり」

ともしている。孫子は、戦いを「内外の費《ついえ》」であるとする。つまり、戦いとは消耗であるというので

ある。そうであるから戦いを選ぶということは方法としては最も好ましくないのである。早々に戦いは止めて、より良い状況を得るようにしなければならない。延々と争いを続けることは、たとえそれに勝ったとしても自らも大きく傷つくことになるのである。

しかし、そうであるなら戦いそのものを生じなくさせればよいということになる。そこで『渾元剣経』では、争いを生じさせない方法として「威」を持つことをあげている。つまり、

「神威足れば、もって人に勝る」

ということである。「神威」が充実していたならば自分は人よりも優位に立つことができる、とするのである。これはほかには、

「精、神全《まった》かれば、神力猛《たけ》し」

ともする。つまり精や神を充実させることで「神力」が生まれてくるというのである。精は肉体的なエネルギーで、神は精神的なエネルギーのことである。心身のエネルギーが充実すると「神力」が生じてくるのである。この「神力」はすなわち「威（神威）」のことである。「神力」「威（神威）」のある人はなにか侵しがたいものがある。ただ猛々しいのではなく、なんとなく手を出してはいけない雰囲気を感じさせるのである。

「神、よく常に存すれば、久しくして自ずから威を生ず」

神が常に存しているような状態、精神的な安定が日常化すれば「威」は自ずから生まれるということである。太極拳では「一を抱いて離さない」とする教えがある。「一」とは自分の根源であり宇宙

の根源である。自分の根源である小太極を開くことで、自ずから宇宙の根源である大太極が開かれる。これを『渾元剣経』では「ただ気、根に結べば」と述べている。「根」とは根源であり、太極拳でいうところの「一」である。気が根に結べば、

「威を生ずるの道に至り、存神に在《あ》る」

となるのである。「威」が生まれ、「一」と一体化した神が常に存する状態となるのである。大太極と一体となった時、そこには浩然の気が開かれる。鄭曼青も、太極拳を練ることで浩然の気の養われることを『太極拳十三篇』で述べている。孟子は浩然の気を「至大」「至剛」であるとする。これは「威（神威）」と同じである。そして浩然の気を養うとは、「義」と「道」を養うことであると述べている。「義」とは人の行うべき道である。「道」とは大宇宙の実相である。太極拳で言うなら「義」は小太極であり、「道」が大太極ということになる。

人が人としてあるべき生活を営んでいれば恐れるものはなくなる。そしてそうした中で心のエネルギーである「神」も開かれてくる。そこには威厳が生まれるのである。これが浩然の気である。「威」のあるところに争いは起きない。こうした争いのない生活が、もっとも人としてあるべき生きる道なのである。

四十一則　心と体を一つにする

内にして精気神、外にして筋骨皮、渾成《こんせい》して一片となるにあらざれば、身軽きことあたわず。

（内的には精気神、外的には筋骨皮、これらが渾然一体となれば、自在を得ることができる。）

中国武術では「軽」を重視する。特に「軽」を練る軽功という方法も伝えられている。ただ、軽功で練られる「軽」は一つではないようなのである。一般的に軽功は卓越した跳躍力を身につけることとされている。ほかには壁の上を走るようなことも軽功とされる。これを行うにはバランスを保つ力を養う必要がある。日本でも「壁伝い」「壁歩き」などと言って、忍者がこれを行ったという。

ほかには、入身を軽功とする人もいる。これは卓越した肉体的な力を養う外的な軽功ではなく、瞑想などを行って霊的な力を養う内的な軽功である。また本来、軽功は外的、内的ともにそろって練られなければならないともされている。入身を使う軽功は植芝盛平が見せたことがある。

大阪の道場で盛平を囲んで同時に攻撃をしたら、盛平はすでにその輪の中にはいなかった。よく見ると少し離れた階段のあたりにいたというのである。「軽」には素早く動くという意味もある。武術としての軽功はこうした巧みな入身を行うためのものであるとされる。

八卦拳の宮宝田も軽功に通じていた。家の二階へは階段を使うことなく飛び上がって行っていたというのである。また通臂拳の張策もこの功に通じていたらしい。ただ宮宝田が二階へと飛び上がっていけたのは塀や屋根を利用したからで、一気に数メートルを飛び上がったのではない。私の師爺の宮宝斎は共産革命が拡大して大陸を脱出しなければならなくなった時、岸を離れようとする船のとも綱にいったん飛び上がって船に乗ったという。これは宮宝田とまったく同じ軽功である。

跳躍力など強靭な脚力がなければ軽功は使えない。しかしそれだけでは充分ではなく、霊的な知覚を得る必要がある。この二つが融合されてこそ真の軽功が得られるわけである。『渾元剣経』では、剣の軽功について、

「飛び来たり、飛び去る。影なく踪《あと》なし」

と説明している。まさに入身と跳躍力による身法、歩法を示すものである。「影なく踪なし」とあるのは、その動きをとらえることができないということであり、そこに霊的な知覚が働いているのである。

「それ剣はすなわち儒雅《じゅが》中の利器たり。正直の風ありて、和緩、鋭鋒にあたる。温柔の気を具《ぐ》し、霊すなわち神に通ず。玄よく妙に入る」

まず剣は「儒雅」の風格を持つ優れた武器であるとする。「儒雅」とは、文人気質というような粗野ではない優雅な趣のある人格、気風のことである。「正直」とは、まがったところがなく心が清らかである、ということである。そして争い事のようなこと（鋭鋒）に対しても常に温和に対する（和緩）

ことができるのである。また「温柔」とは、紳士的であるとの意味である。霊とは不可思議な動きということである。その不可思議な動きが考えられないほどのレベルであるというのが「霊すなわち神に通ず」である。くわえて、それは玄にして妙なる境地にあるとも言われている。

玄にして妙なる境地を具体的に示したのが、先に見た「影なく踪なし」である。我々であれば、ここにある「剣」を太極拳や八卦拳とすれば、そのまま軽功の解説として読むことができる。つまり「それ太極拳(八卦拳)はすなわち儒雅中の利器たり云々」である。儒雅、温柔であるからこそ玄妙な功を得ることが可能となるのである。それではそうした功を実際に得るにはどうしたらよいのであろうか。

「内にして精気神、外にして筋骨皮、渾成して一片となる」

簡単に言うなら心と体の統一、協調が鍵となるということである。植芝盛平も晩年には心身の統一を重視していた。『混元剣経』ではさらに、

「精、足れば、すなわち戦うこと久しきに耐うる」

ともある。「精」とは基礎体力のことである。基礎体力を高めれば長い戦いにも耐えることができるとするのである。やはりなんといっても武術のベースになるのは基礎体力である。ただ、ランニングなどで基礎体力を得ようとするのは好ましくない。各門派には門派独特の基礎体力をつける方法がある。太極拳であれば低い姿勢でゆっくりと練る。八卦拳では円周の上を歩く走圏がそれにあたる。基礎体力の次には、

「気、満れば、すなわち呼吸は細し」

という呼吸の鍛錬に入る。これは心の鍛錬である。太極拳ではこうした呼吸を「綿綿不断」と教える。柔らかく断絶することがないということである。そしてさらには、

「神、清静なれば、しかして円融たりて、すなち変化測《はか》るることなし」

神が清静を得る修練を行うのである。これが果されれば心身の変化は思いの及ばないものとなる。まさに「玄よく妙に入る」の境地である。先に内的な軽功は瞑想のような修練を行うと紹介したが、まさにそれは「清静」を養うためのものであったのである。一見して大道芸のような軽功も、真伝を得れば奥深いものであり、人のあるべき「儒雅」や「温柔」を得るための修練であることが理解される。

第三章◉奥伝篇

四十二則　技の本質を知らなければならない

槍は一直条《いちちょくじょう》をもってす。ゆえに用いること難くして奇多し。また旁技《ぼうぎ》あり。ゆえに用いること易《やす》くして変少なし。

（槍の運動線は一つに直である。そのため用法が難しく、本道を外れた技が多い。また槍としてふさわしくない技もある。こうした技は一見は使いやすいが、応用変化ができない。）

神仙道の古典文献では、神仙道の真伝は簡単で単純なものであるから多くの人はその価値に気づくことなく左道旁門をよしとすることが多いとしばしば注意を促している。左道とは邪な道のことである。旁門とは間違いではないが充分ではない門のことである。神仙道は、清浄なる道であり、虚への悟りを第一とする。重要なことは日々の生活を見直して単純素樸に生きることにつきるのであるが、これではなかなか満足できない人が多いようである。

ある者はいろいろな功法を考案して、それを奥義、秘伝として教えたりもする。ある者は霊言を神仏やかつての仙人から求めようとする。あるいは特別な食べ物が神丹を得るのによいとされることもある。こうした「迷い」の根底にあるのは自己の心身をも含めた物的なものへの過度の執着である。「虚」

を知るのはそうした過度の執着から逃れるためである。物的な執着から離れようとしているのに、逆に物的なものにその解決の方法を求めようとする。ここに矛盾があるのであり、ここに左道旁門の生まれる余地もあるのである。物的なものを超えようとするのであれば、それに執着しすぎないようにすればよいだけである。ただそれだけの単純なことなのである。

武術においても同様で、実戦にあって第一に重要なことは、どのような状態にあっても動揺をしないということである。第二は、体がよく動くということである。ある程度の運動能力がなければ適切に技を使うことができない。だいたい実戦とはこれくらいのことに尽きるのである。古武道や中国武術に較べて空手や柔道などの「現代武道」が実戦に有利とされる部分があるのは、少ない技を中心に練習されているからにほかならない。

しかし一方で「現代武道」に飽き足らないものを感じる人が多いのは、これが競技試合を中心とする「実戦」にのみかたよっているからであろう。本来、実戦とは実際の攻防だけに限られるのではない。その前に心のやりとりがある。相手を打つには、まずは相手を打とうと思わなければならない。その気持ちをつぶすことで実戦に勝つこともできるのである。香取神道流の飯篠《いいざさ》長《ちょう》威斎《いさい》は、他流試合を申し込んでくる者がいると熊笹の上に坐ってみせたという。この「熊笹の教」は簡単なトリックを使ったのであろうが、これなども当時の人にとっては、おそるべき術を使う修験者のような人物と思い、試合をする気を喪失させられたのであろう。

一方競技試合では、試合の始まりも、攻防に使える技も、既にほとんどが規定されている。このあたりが実戦と試合をベースとする「実戦」との違いである。試合をベースとする「実戦」では、試合の前の駆け引きにおいて攻防を行うことはなく相手を心服させて勝つということはありえない。また実戦では逃げることで負けないということも往々にしてあるのである。

一見して実戦的と思われる現代武道は、じつは競技試合の中でしか使えないものであった。しかし生活全般を実戦の場と考える伝統的な武術は、日々の生活に使える真に価値あるものを多く含んでいることが分かるであろう。

「槍は一直条をもってす。ゆえに用いること難くして奇多し。また旁技あり。ゆえに用いること易くして変少なし」（『手臂録』）

槍の動きは単純である。言うならば、ただ突くだけということもできるであろう。突くことで、相手の槍を防ぎ、こちらは攻撃をする。そうした武器であるから使い方は難しい。しかしある一定のレベルに達すれば、単純な動きの中に千変万化の働きのあることが理解できるようになる。これが「奇多し」である。こうしたこともあって槍は武器の王とされるのである。しかし、正しく槍を使う道は大変難しいので、ある人はなんとか便法が使えないかと思うものである。そこに余計な技（旁技）が生まれてくる。余計な技は一見して使い易いが、応用変化には乏しい。また、それを通して精神的なレベルにまでアプローチするようなことはできないのである。

それは旁技が攻防の根本的な理から離れているからである。統一したシステムが作動していなければ物的なレベルと霊的なレベルでの互換性を得ることはできない。柔道というけれどけっして柔らかなシステムを使っていない。空手にはいろいろな中国南拳が入り、さらにそれぞれのシステムもよく理解されていない。剣道も真剣をもってしてはとても使えない動きが多い。こうした「現代武道」では、肉体の動きを精神の働きへと還元することができないのである。

太極拳でも八卦拳でも、真伝を得ることが重要とされるのはシステムとして整ったものを練らなければ高いレベルでの心身の調整ができないからである。一部に競技試合を前提に太極拳を広める動きがあったが、太極拳は本来名利への執着を捨てたところから始まるものであることを忘れてはならない。

四十三則　技の名にとらわれ過ぎてはならない

勢あり、法あるも、名なし。

（勢があり、法もあるが、名前はないのである。）

中国武術では「拳譜《けんふ》」が重んじられる。小説の類いでは、秘伝の拳譜を盗み見て奥義を盗るといったストーリーもある。昔の中国では、拳譜を盗み見られるのを防ぐためにページに毒の粉のようなものをひいていたという。拳譜を盗み見ようとする人は焦っている。指に唾をつけて急いでページをめくって先を見ようとするであろう。そうするとページにひいてある毒の粉が指についてそれを口に入れてしまう。たとえ拳譜が盗み見られても、その人が亡くなってしまえば拳譜の秘密は保たれることになる。

話の真偽は分からないが、それ程に拳譜は重要なものとして考えられていたのである。拳譜には技の名前が記されている。それを知ることで動きの意味がより深く理解できるようになっている。『秘本単刀法選』には、拳譜の作られる様子をうかがうことのできる一文がある。

「勢あり、法あるも、名なし」

「勢」とは実際の動きである。「法」とは動きの理である。用法と言ってもよいであろう。套路はあるが個々の技には名前がないというのである。大東流などにも個々の技には名前がなかった。空手なども、かつて沖縄ではただ「手」とよばれていたようである。「武術の技」というような意味である。「手」の実態についてはよく分からないが、地域ごとの閉鎖性の強かったかつての沖縄（琉球）では、「手」とされるものもそれぞれの地域で違っていたのかもしれない。『秘本単刀法選』ではこれに続いて、

「よって、もって図を絵がきて、その名を定む」

とある。技法名がないのでそれをつけた。くわえて絵でも現したというのである。こうして拳譜が生まれるのである。

ただ、技に名をつけることはイメージの限定化を招くことにはなる。「腰砍刀勢《ようかんとうせい》」とある技は、刀を横に薙ぎ斬る動きであるが、「腰砍」とあれば腰のあたりを斬るイメージが得られる。相手の腰のあたりを斬るようにイメージした方がこの動きを正しく行えるのであろうが、足や首、胴なども斬れな

腰砍刀勢

埋頭刀勢

称我抜刀勢

抜刀出鞘勢

いわけではない。名前や絵をつけることは情報を固定化することになる。情報を固定化することは分かりやすくすることであると同時に情報を制限することでもある。「腰砍刀勢」として固定化されれば、腰のあたりを斬るという以外の情報は捨てられてしまうことになる。

　用法を技法名にしてしまうと情報が大きく制限される。そこで「埋頭刀勢《まいとうとうせい》」のように技の構えを言い表しただけの技法名も考えられる。「埋頭」とは「頭を覆う」ような構えのことである。「埋頭刀勢」は左半身になる技で、これにより左側は空くことになる。ここにスキをつくって、相手の槍での攻撃をさそうのである。

　相手が左側を攻めてきたなら、こちらはこの姿勢のまま刀を横にして槍を払い、ついで右足を進め、両手で刀を持って相手を斬る。左半身からの入身での攻撃となるわけである。また、この構えは塚原ト伝の編み出したとされる「一の太刀」とも似ている。江戸時代以降の剣術ではこうした構えを使うことは少ないが、室町時代あたりの剣術にはけっこうあったようである。また新陰流にも似た刀の使い方が見られる。

江戸時代あたりにこうした技が少なくなるのは、九〇センチを越えるような大太刀《おおだち》から六〇センチほどの大刀《だいとう》が主となるためと思われる。「埋頭刀勢」などの技は、短い刀を使っては槍を払うことは難しいであろう。ちなみにここでは五尺とあるから、一・五メートルくらいでかなりの長さである。

こうした長い刀を使うこともあってか、おもしろいことが抜刀について記されている。抜刀に関しては「你我抜刀勢《じがばっとうせい》」と「抜刀出鞘勢《ばっとうしゅっそうせい》」がある。「你我抜刀勢」は、互いに相手の刀の柄をもって抜刀をしようとするものである。これは陣中などで緊急に刀を抜かなければならないような時に用いるとしている。刀を抜くのを手伝ってくれる相手がいればよいが、自分一人で抜かなければならない時に

藏刀勢

飛刀勢

は「抜刀出鞘勢」を用いなければならない。

これはまず左手で鞘を持ち、右手で刀の柄を持ってできるだけ刀を抜く。途中まで抜いたら右手で刃を持って最後まで抜くのである。そうして改めて構えるわけである。日本でも林崎甚助《はやしざきじんすけ》が抜刀術を考案する前はこうした抜き方をしていたのかもしれない。

『剣経』には槍を投げて相手を殺傷する楊家の槍法について記されているが、ここでは短刀を投げる技が記されている。「蔵刀勢《ぞうとうせい》」と「飛刀勢《ひとうせい》」である。「蔵刀勢」は、相手の槍の変化が予測し難い時に用いるとする。刀を大きく後ろに引くのは左手で小刀をつかんでいるのを見えにくくするためである。

「これ、まさに小刀を飛ばし刺し去《い》くべきは、彼かならず架を招き、この機に乗りて、刀を用いて人を砍《き》るなり」

刀を後ろに引いて構えるのは相手の攻撃をさそうためなのである。そして小刀を投げる。この時相手がひるんだならば刀を用いて斬るのである。中国武術では、暗器と称される「殺人武器」がある。これは、一つには特殊な武器が用いられる。小さくて相手に持っていることを知られないような武器や飛び道具の類いである。また、使い方で普通の武器も暗器となる。「飛刀勢」などは、まさに暗器の用法とすることができるであろう。

かつてわたしの八卦拳の師である何静寒《かせいかん》老師は武術のビデオや本の写真について、

「これは、その人が、その時に、行ったことに過ぎない」

と言われていた。技において重要なのはその法である。技の持つ法が、よく勢として表現されていなければならない。くわえて心身の状態は一定ではない。常に変化をしている。そうであるから表現された「技」も、常に同じであることはありえないのである。拳譜にしばられることで動きが限定したものとなったのではよろしくない。老子は名は実体のすべてを表すものではないと教えている。これに留意して文献資料を一つのヒントととらえるなら、技の名や絵も拳理（法）の理解を助ける重要な要素となることであろう。

四十四則　円滑なる四肢の動きから強さが得られる

人の善く闘うは、一身四肢の屈伸変化たりて、究め尽くるの形なし。

（闘いに優れた人とは、体をよく使える人である。特別に有効な技があるわけではない。）

中国と日本は歴史的にも深いつながりがある。人的な交流も多い。また中国大陸にしても台湾にしても、そこにおもむくことはそう難しいことではない。しかし日本における中国武術界には奇異とも思える状態があった。それにはいろいろな原因があるが、陳家太極拳や八極拳、心意六合拳などが次々と実戦的な中国武術として紹介され、これらよりはるかに中国では広まっている楊家の太極拳や形意拳よりも優れた武術であると喧伝される傾向があったのである。

また楊家の太極拳は健康法で陳家は実戦的とされることもあった。しかし楊家の人たちが中国各地に太極拳をひろめる際にいくつもの実戦をしていることは事実である。新しい土地で武術を広めようとするのであれば、なんらかの形でその有効性を示さなければならない。こうしたことを経て楊家の太極拳は各地に広まっていったのである。

思うに中国で評価の定まっていなかった陳家太極拳や八極拳、心意六合拳などが紹介されたのは、そこになにか大きな期待、夢想があったためではなかろうか。マイナーであるものは当然のことであるが完成度は低い。完成度の高いものであれば、優れた武術を探している人は多いのであるからすぐに広まってしまうものである。八極拳や心意六合拳の実態が明らかになるにつれて、期待はしだいに失望へと変わっていった。空手やテコンドーに較べて劣っているということもないが、突出した強さを得られることもないということが分かってきたのである。

「人の善く闘うは、一身四肢の屈伸変化たりて、究め尽くるの形なし」（『剣経』）

人が闘う時には身と手足を使う。それをよく屈伸変化させることのできる人が闘いを有利に進めることができるというわけである。どのような「形」も、それだけを極め尽くせば闘いにおいて非常な優位を保てるようなものはないとしているのである。さらに「一身四肢」については次のように記している。

「一身の中に居《とどま》るは、二手二足これをなす。前後左右、防ぐあり、攻むるあり、立《た》つるあり、踢《け》るあり」

前後、左右で行われるあらゆる攻防は、すべて一身四肢を使ってなされるというのである。一身四肢の働きにより、防御もできるし攻撃も可能となる。立つことも蹴ることも、一身四肢がなければどうすることもできないのである。

一身四肢がなければ人は攻防が行えないのは当然であるが、『剣経』ではどうして「一身四肢」としているのか。体が充分に動けば実戦に有利であることを言おうとするのであれば、「一身」だけでも「四肢」だけでもよいはずである。それは兪大猷《ゆだいゆう》が「五」という数を攻防の根本と考えていたことに原因している。隊を組む時には五人を基本とするようにと述べている。また「車の数は必ず五乗たれ」「軍の数は必ず五偏たれ」「陣の数は必ず五軍たれ」ともある。とにかく攻防の基本に「五」という数をもってきたかったのである。

「上古の聖人は天にこれを観て、数にこれを察し、易にこれを験す。（略）こまかにその理を尽くし、しかして立ちて伍をなし、法をもって人に教ゆ」

太古の聖人は、天の動きを見て真理を求め、数の法則の中に真理を求めた。あるいは易の中に真理を得ようとした。そして奥深い真理を得て、五を単位とする行政や軍制のグループである「伍」を定めた。このように太古の聖人は「法」を教えて人びとを導いたのであった。剣術をもって真理を得ようとするのが『剣経』を著した兪大猷の目的とするところであった。「五」はそれを象徴するものであったのである。攻防の行き着くところは「一身四肢」である。この「五」に象徴された真の道を深く知ることで、攻防はもちろんのこと人の生きるという行為の全般が天地の真理と一つになることが可能となるのである。

四十五則　本当の力は心を開くことで得られる

ただ自然先天の力は、神にありて人の力にあらざるなり。
（人の持つ本来の力は、意識を開くことによって得られる。）

よく太極拳や合気道は「力を使わない」などと言う。しかし、力を使わなければ攻防を行うことはもとより、拳や掌を作ることも自分の足を上げることもできないであろう。太極拳や八卦拳で言っているのは、無駄な力の使い方はしないということである。『渾元剣経』でも、「無害なるは、すなわち生機の自然に順じて、その生機を害するを去る」弊害がないようにするとは、つまり機が生まれるその自然に順ずることである。ために機が自然に生まれるのを妨げるようなことをしないのが弊害をなくすことになるというのである。ここで言われている「機」とは、変化の機である。攻防においても通常の生活にあっても、人が行動をしている限りにおいては常に変化の機は生じている。これをうまくとらえるのが「順」ということなのである。相手の変化の「機」をよくとらえてそれを利用することで状況を転換させ、自らが優位に立つのである。「機」を使うことを重視しているのは、これを用いることで自分以外の力をも使えるからである。

攻防であれば相手の攻撃してくる力を反撃の力として使うことができるのである。こうした力のことを『渾元剣経』では「自然先天の力」としている。これは霊的な力である。

「ただ自然先天の力は、神にありて人の力にあらざるなり」

この一節に続くのが、先に引用した「無害なるは、すなわち」の一文である。「自然先天の力」に対して「人の力」は後天の力である。一般的な運動や武術は、こうした後天の力を得ようと努力をする。しかし後天の力は、トレーニングを休むとすぐに落ちてしまう。一方、自然先天の力は本来自分が持っている霊的な力であるから、これがいったん開いてしまえば簡単になくなるということはない。しかし、あまりに長期に心身の調整をしないでいると開いた力も閉じてしまう。これは心身の調整がうまくいかないからである。

太極拳や八卦拳のような自然先天の力を開くことを第一とする武術は、毎日朝夕に練るのが望ましい。毎日朝夕というと大変なことのように思われるかもしれないが、時間は数分でも構わないのである。昔から、三十分以上の練習が最低必要とされるが、数分でもやらないよりはやった方が格段によいことは言うまでもあるまい。

また、心身の調整はその乱れが少なければ多くの時間を費やさないでも可能となる。これは毎日朝夕に練習をする効用である。八卦拳の何静寒老師は、

「宮宝斎先生のように小さい頃から八卦拳の鍛錬をしている人であれば、臥掌なら臥掌のポーズをするだけで心《しん》の働きを調えることができる。しかし、我々のように大人になってから始めた者は、し

ばらく走圏をしなければ体が開いて心の働きを調えることはできない」と話されていた。臥掌とは、八母掌の一つで離卦に属し、心の働きを調えることができる掌法である。八卦拳や神仙道では、嬰児のころをもっとも心身の開いた状態にあると考える。そして大人になるにつれて心身は閉じていくとするのである。そうであるから子供のころから八卦拳を練っていれば、心身の開いた状態が保たれることになるのである。

何静寒老師によれば、宮宝斎師爺は宮宝田について八卦拳を学んだのであるが、子供のころは、いろいろな遊びをさせることが中心で套路を教えるようなことはなかったそうである。神仙道では、精通や初潮をむかえることで後天の体は大きく損なわれると考える。套路の練習はこのころから始めるのが適当である。套路を習うとは、一定の形にはめて壊れた心身の状態を元にもどそうとすることである。もともと壊れていない子供にあえてそうしたものを教えることは、かえって害になることがある。健康な者が薬を飲むようなものである。

後天の力を養い心身を一定の形にはめて、その中で最高のパフォーマンスをしようとするのであれば、多くの套路をたくさん練習するのがよいであろう。しかし先にも述べたように、自然先天の力を開こうとするのであれば、套路は最小限であるべきである。ちなみに宮宝斎師爺は、普通は套路を忘れていたというのである。弟子が「八掌拳のこの動きは」と質問しても答えられない。しかし、初めから八掌拳を打って示されるとすばらしい演武をされるので、弟子の疑問も氷塊するといったことがしばしばあったらしい。

套路もこれくらい深く身につけることができれば理想的である。忘れようとしても忘れられない程になれば本当に先天の力と後天の動きが一つになったと言えよう。こうしたバランスの中に先天自然の力も自ずから涵養されるのである。

四十六則　体を柔らかに開くには、湧泉穴が開かれなければならない

この穴、開通すれば、すなわち身中の筋骨血絡、皆、舒展自如《じょてんじじょ》たり。
（湧泉穴が開けば、体中が柔らかに、滞りのない状態となる。）

台湾や北米を中心に、鄭子太極拳を練る人は少なくない。わたしも三十年以上にわたって鄭子太極拳を練ってきたが、この太極拳を練れば練るほど、太極拳の原理に非常に忠実に作られていることが分かってきた。鄭曼青自身は、鄭子太極拳三十七式を「簡易式」として、楊家太極拳百八式への入門套路としていたが、一方で太極拳を考案した張三豊の原形・十三勢の「復活」をも意識してもいたようである。太極拳の原理にもっとも忠実な動きを再現することが、そのままに張三豊の創始した十三勢となると鄭曼青は考えたのであろう。

『鄭子太極拳自修新法』には、「もし余に四十年の心得を問わば」として次のように述べている。

「かえって、ただ十二字あり。『呑天之気《どんてんしき》、接地之力《せっちしりょく》、寿人以柔《じゅじんいじゅう》』たり」

鄭曼青が四十年太極拳を練って悟ったのは、太極拳とは、

天の気を呑み、

地の力に接す。

寿人（長生き）は柔をもってす。

につきるというのである。太極拳では、「気は、よろしく鼓盪《こ　とう》すべし、神は、よろしく内斂《ないれん》すべし」という教えがある。鄭曼青のいう天の気を呑むとは、「神は、よろしく内斂すべし」にあたる。これは簡単に言うなら、心が落ち着くということである。

地の力に接するは、「気は、よろしく鼓盪すべし」である。気が活性化するということである。気が活性化し心が落ち着くことで、心身に「柔」が得られる。こうした状態になれば長く人生を楽しめる、これが鄭曼青の到達した太極拳の奥義であったのである。

『渾元剣経』にも「天に通じ、地に徹する」ことで、

「精気を添益《てんえき》し、下元を培補《ばいほ》して、湧泉穴を活《い》かす」

とある。精気を充実させて、下元・下丹田を補い、養って、湧泉穴を活性化させる、というのである。つまり生命力を活性化させる働きがあるということである。湧泉穴とは足の裏の真ん中あたりにある経穴で、これを刺激することで活力が得られるとされている。

精気―下元（下丹田）―湧泉穴

は、一連のもので、これらが活性化することで活力、生命力が得られるのである。鄭曼青の「寿」が得られるとしているのも同じである。『渾元剣経』には「湧泉穴」に続いて、

「この穴、開通すれば、すなわち身中の筋骨血絡、皆、舒展自如たり。すなわち千古宣《の》べざるの妙なり」

と説明している。湧泉穴が活性化すれば、筋骨や血、経絡が開かれ、柔らかく自在の境地に入れるというのである。また、この教えは昔から長く秘密にされてきたものであるともしている。

張三豊は、

「その根は脚にあり。腿に発し、腰は主宰し、手指に行う」

とする。これは太極拳の「根」が湧泉穴にあるということである。それは沈身、落根を行うには湧泉穴が開いていなければならないからである。太極拳においても、力を発するには下半身の安定が必要であることは言うまでもない。「腿に発し」とあるのはそのことを言っている。また「腰は主宰し」とあるのは太極拳の動きは腰を中心とするということであるし、「手指に行う」は力が手指に及ぶということであって、これらについてはほかの運動となんら変わりはない。ただ「その根は脚にあり」だけが太極拳独特の沈身、落根にかかわることなのである。

沈身、落根を得るには「舒展自如」でなければならない。「舒展」とは体が柔らかに開いていることである。また「自如」は心にとらわれのないことである。こうした境地を太極拳や八卦拳の修行で得たならば湧泉穴は自ずから開かれるのである。湧泉穴が開けば、同時に掌の中心にある労宮穴も開く。特に太極拳や八卦拳を練っていると、労宮穴のあたりにエネルギーの満ちてくるのを感じることがある。これは根である「脚＝湧泉穴」と「手指＝労宮穴」が一連の関係にあるからである。

また、太極拳や八卦拳で掌を使うことが多いのも労宮穴を開きやすいからである。じつは湧泉穴を開くには、初めに労宮穴を開くとよいのである。労宮穴を開く秘訣は、鄭曼青の言う「美人掌」の形にある（四則を参照）。これは八卦拳の掌形と同じである。一般に八卦門では、尹福の牛舌掌と、程廷華の龍爪掌があるとされるが、龍爪掌は形意拳の影響を受けたものであろう。龍爪掌でも労宮穴を開くことはできるが、この方法で湧泉穴から労宮穴へのルートを開くとややテンションが多く掛かってくるので、固く変化の乏しいものとなる。形意拳は変化より硬打硬進を旨とするのでそれでよいが、変幻自在を特色とする八卦拳ではその風格の失われる懸念がある。

四十七則　正しい呼吸をしていれば、正しく物事をとらえることができる

養いて真息の円満に至れば、百慧したがいて生じ、永生廃《すた》ることなし。

（真息を得ることができれば、あらゆる智慧が生まれて、生涯失われることはない。）

古今東西の神秘学で追究されているテーマの一つに、円と三角の関係性がある。現在までに人類は、三角についていては計算式でとらえることができているが、円はそれができていない。ために円は三角をかさねた多角形としてとらえようとする。円周の長さや面積も同じである。これはまた暦の問題とも重なる。円が完全にとらえられるようになれば、暦の余り（閏年）を設けなくてもよくなるであろう。ちなみに四角は三角を二つ合わせたものであるから、これは三角の中に入れることができる。曼荼羅などは円と三角で「世界」を示している。

これと並んで神秘学に普遍的に見られるのが呼吸の問題である。ヨーガには多くの呼吸法があるし、神仙道でも胎息や真息、文息、武息など、呼吸には大きな注意を払ってきた。日本でも植芝盛平は呼吸力ということを言っている。また合気道には呼吸投げなる技もある。神智学では呼吸を変えることで霊的な進化が可能であるともしている。

「養いて真息の円満に至れば、百慧したがいて生じ、永生廃ることなし」（【渾元剣経』）

人が本来持っている呼吸である真息を完全に開くことができたならば、あらゆる智慧が生まれ、それは生涯にわたって失われることはないというのである。ここで言う「智慧」とは知識のことではない。知識はいろいろな方法で情報を収集することでしか得ることのできないものである。しかし「智慧」はインスピレーションや洞察力のようなものである。これは得ようとしてもなかなかこれを得る手段が見つからないであろう。

真息を具体的に示すことはできない。それは個々人で違っているからである。呼吸とはその人の心身の状態の現れである。そうであるから神秘学では、呼吸を重視したのである。精神のことだけ、肉体のことだけであれば、あえて真息を問題にする必要はない。意図的な呼吸法などを使ってもよいであろう。しかし、心身の関係性に着目する時、心身をむすぶ鍵としての呼吸を考える時には、真息の問題が出てくることになるわけである。

その人が本来持っている心身の状態が開かれた時の呼吸が、すなわち真息となるのである。太極拳では、心身の動きは「綿綿不断」でなければならないとする。柔らかく途切れることのない動きである。呼吸もこれと同じで、柔らかく途切れることのないことをよしとする。

八卦拳でも最奥義の套路である両儀之術には呼吸の秘伝が付随している。これらは言うまでもなく、いずれも真息を開く方法である。太極拳では「開合」の呼吸を言い、八卦拳では「縮伸」の呼吸を言うが全ては身法と一つになった呼吸である。

真息を開くことについて『渾元剣経』には、次のように記している。

「はたして、よく道を明らかにして、その功を計らざれば、これ無為これを為す。神為なり」

真息を開こうとするのであれば道を明らかにすべきである、というのである。そして意図して真息を得ようとしてはならないと注意をしている。無為であればよいというのである。無為とはすなわち神為であるとも述べている。ただ套路を練って、そこに示されている道（道理）を明らかにしたならば、真息は自ずから開かれるというのである。ここにある道とは、太極拳では「開合」、八卦拳では「縮伸」の真義である。このことは、

「綿の長《た》けること、久しければ必ず顕達す。

過ぐること急なれば、すなわち鋭にして、恐らくは多く退くこと速やかなるの虞《おそれ》あり。

はなはだ緩るければ、すなわち疎《うと》く、いまだ作輟《さくてつ》して、これの消然《しょうぜん》たるを免れず」

とあることでも分かる。真息を養うには「綿」たることが重要であるとするわけである。これは太極拳の「綿綿不断」の教えと同じである。

しかし、真息を開こうと無理をして焦って稽古をしたりすると、あまりに「鋭」となってかえって早々に後退してしまうと教えている。「鋭」とは先鋭化してしまうということである。呼吸のことだけにとらわれ過ぎることである。それもよろしくないのである。

しかし緩すぎるのも良くない。「緩」であれば套路の示す道をよく理解できない。「作輟」とは「作《さく》疎《そ》」と同じで、よく分かっていないことである。あまりに緩すぎる稽古は、道についてよく理解を深

めることができない。そのためなにも起こらない（消然）ままになってしまうのである。

適度なバランスである中庸をもって稽古をする。そうすると心身に中庸が得られる。心身に中庸が得られれば真息が開かれる。真息が開かれれば智慧を得ることも可能となるのである。ここに得られる「智慧」とは、中庸を保つ智慧なのである。

四十八則　呼吸が安定していれば、上中下の丹田も安定する

呼吸定まればすなわち霊光を生じ、三宝は位を定め、同じく中に居る。

（呼吸が安定すれば充実して、精気神の働きも安定し、常に中庸であることができる。）

鄭曼青は、攬雀尾について「古の舞踏」に似ている（『太極拳十三篇』）としている。攬雀尾は太極拳の総手であるところからすれば、太極拳全体が「古の舞踏」と似ていることにもなろう。ここで言われている「古の舞踏」とは、八佾《はちいつ》のことであると思われる。これは儒教の祭典で舞われるものである。わたしは台北の孔子廟で小学生がこの舞をするのを見たことがあるが、たしかに攬雀尾の動きに似ていないこともない。

日本では武術の起源を舞踏に求める考え方はないが、植芝盛平は合気道を神楽舞《かぐらまい》であるとしていた。盛平は、おそらく現実には存在してはいなかったであろう太古の合気道の起源を神聖なる舞踏と夢想していたようで、自身も言霊を発しながら舞うことがあったという。

日本の武術の起源とされているのは相撲である。現在の相撲はショー化した勧進相撲に直接の起源を持つのであるが、本来、相撲は神事であった。人と人が力を較べるのではなく、神（あるいは精霊）

と人とが力を較べて神が勝つとする形をして、自然の豊穣な力が発揮され、豊作、豊漁となることを願ったのである。河童が相撲好きであるとされるのも、相撲が神と人との間で行われることを受けて人と妖怪の組み合わせとなったのである。

舞踏と中国武術の関係を考える上で興味深い記載が『渾元剣経』にある。

「昔、唐の太宗《たいそう》、剣士数百人を養うに、時にあるいは舞わしむ。すなわち諸剣士、剣と共に各《おのおの》飛ぶ。これ神舞のごとし」

唐の太宗の時には数百人の剣士を抱えていたが、時に応じて剣士たちには舞を行わせたというのである。そうすると、剣士たちは皆空中を飛んでいた、とある。そしてこの舞は聖なる舞のようであったとしている。「神舞のごとし」とあることからすれば玄妙不可思議な動きであったのであろうが、それは「三十六式跳歩図式」を見ても推測されるものである。たしかに剣を持って飛び跳ねての練功は奇異な念を持たれることであろう。

ここで練られていたのは軽功である。同書には、

「金丹、日に益《ま》せば、身法いよいよ軽し」

とある。こうしたことからすれば、太宗が剣士たちに行わせた舞も金丹を益すものであることが理解される。金丹とは、言うならば精、気、神を調えるエッセンスのようなものである。そして、「金丹、日に益せば、身法いよいろ軽し」の前に出てくるのが、

「呼吸定まればすなわち霊光を生じ、三宝は位を定め、同じく中に居る」

である。呼吸が正しいものとなり心身のエネルギーが活性化する。上中下の丹田は安定して働き、すべてが中庸を得ている。こうした状態が金丹を得た状態なのである。

上丹田は「神」の鎮まるところである。「神」は思考の働きをつかさどる。中丹田に鎮まるのは「気」である。これは感情をつかさどる。そして下丹田は「精」である。これは肉体の活力をつかさどる。これらが安定した状態にあるのが金丹を得た状態と言えるのである。

金丹を得るには「聖なる舞」を行う必要がある。今日における「聖なる舞」には太極拳や八卦拳が

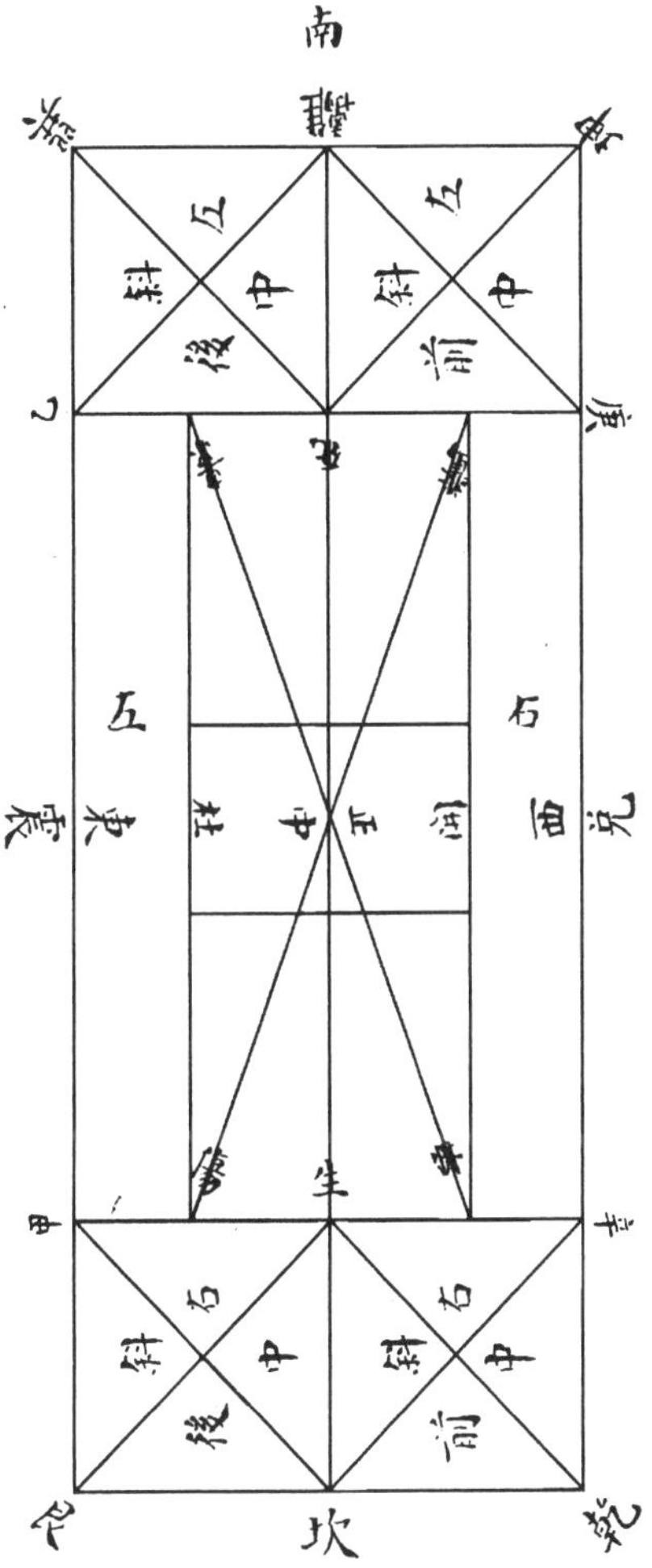

三十六宮跳歩図式

ある。これにより自然と一体となった自由な心身が得られるのである。沈身や落根を得ることができれば大地に根の生えたような安定感を得ることができる。それと同時に太極拳や八卦拳では軽霊を得ることもできる。

一般の武術は下丹田を重視する。下丹田のつかさどる精は肉体のエネルギーであり、それを活性化することで、速く強く動ける肉体を得ることができるからである。しかし太極拳や八卦拳、あるいは形意拳でも、下丹田と共に上丹田を開くことが重要としている。上丹田を開くことで軽霊を得ることができるからである。軽霊とは軽やかな動きということである。相手の意識にとらわれることのない動きである。こうした違いから太極拳や八卦拳、形意拳を、下丹田を中心とする武芸に対して道芸とよぶことがある（下丹田、上丹田を開くことで自ずから中丹田は開かれる）。

上丹田と下丹田を共に開くことで心と体のバランスを適切にとることができるようになる。ここに中庸が得られるのである。中庸が得られれば、自ずから呼吸も適切なものとなるのである。

四十九則　太和の気が練られなければならない

それ浩然の気は、天地の間にありて、すなわち太和の気を保ち、もってこれを養成す。

（浩然の気は、この世にあって、太和の気を保ち、養うのである。）

浩然の気は孟子が説いたものであり、これはまた「至剛《しごう》」「至大」であるともされていた。「ゆえに君子、戦えば必ず勝つなり。古人各《おのおの》取法のあるを歴観《れきかん》するに、昔、亜聖《あせい》は浩然の気、至剛、至大にして、ただ養いて害なく、天地の間を塞《ふさ》ぐという」（『混元剣経』）

この中の「亜聖」とは孟子のことである。ここでは「君子は戦えば必ず勝つとされている」ということが問題になっている。はたして古の君子たちはどのようなことを行っていて、そうした境地に至ったのかというのである。それでそれぞれの君子を見てみると、孟子は浩然の気ということを言っている。浩然の気は至剛で至大であって、それを養ってもまったく弊害が生まれないとしているというのである。また「君子、戦えば必ず勝つ」も『孟子』に見えるフレーズであるが、実際には、「君子は戦わざるあるも、戦えば必ず勝つ」である。君子というものは戦いはしないものであるが、もし戦ったならば必ず勝つというのである。

そして、君子が戦いに必ず勝つことができるのは、浩然の気を養っているからであると考えるのである。『渾元剣経』では、これを「太和の気」とする。

「それ浩然の気は、天地の間にありて、すなわち太和の気を保ち、もってこれを養成す」

浩然の気は太和の気を保ち、これを養うものであるというのである。太極拳などでも太和の気を養うことの重要性がよく説かれている。太和の気とはおおいなる和合の気である。これを養い育てるのが、浩然の気であるというのである。そうであるなら、浩然の気と太和の気は同じものと考えることができるであろう。

つまり、太和の気を養うことで「戦えば必ず勝つ」の境地に入ることができるのである。浩然の気を養って害がないのは、これが自然と一つのものであるからである。中国では、自然は一定の秩序を乱すことなく動いていると考えた。そして、自然の動いている法則を道としたのである。道とは、全宇宙を動かす法則の根本方程式のようなもので、これを知れば森羅万象のあらゆる動きが説明できると考えたのである。そして、その方程式からは我々が生きるためのあるべき姿を導き出せると考えたのである。

注目しなければならないのは「戦えば必ず勝つ」の前に「君子は戦わざるあるも」とあることである。これは太和の気がベースになっていることを示している。そして、戦うのは森羅万象の和合が乱れた時であり、それを正す時なのである。そうであるから森羅万象の力が君子を助けてくれるわけである。ために「必ず勝つ」となるのである。森羅万象の和合に反した行為は、たとえ一時は成功したかのように見えても最後には滅ぼされてしまうものである。

和合といっても、至大、至剛のない和合は真の和合ではない。戦うことを含んでいない和合は、真の和合ではないのである。現在の太極拳を練る人の多くは浩然の気が練れていない。ただ「和合」があるのみである。浩然の気が養われているかどうかの判断に発勁がある。発勁をすることができるか否かは、浩然の気を養うことができているかどうかの判断の一つになる。

つまり浩然の気とは内から外に向かう気の流れなのであり、太和の気は外から内へと流れる気の働きであるからである。この二つの流れを体得することが重要なのである。確かに太極拳では外から内への流れを重視する。しかし、内が充実すれば自ずから外への流れは生まれるものである。発勁というと特別な練習や教えを受けなければできないように思われるかもしれないが、じつは太極拳を練っていれば自然にできるようになるのである。

かつて神仙道では、外から内への流れを「水」に、内から外への流れを「火」にたとえていた。そして水と火のバランスを適度に保つことの困難さがよく説かれている。発勁ができないのは、「水」のみが多く「火」の力が足りないためである。これをバランスよく練るには、美人掌の口伝を得る必要がある。太極拳はあまりに脱力をしてもうまく功を練ることはできないのである。

また、ほかの武術をして発勁を得ようとするのも良くない。太極拳には太極拳のテンションがあり、「水」と「火」のバランスが保たれなければならないからである。「太和の気を保ち」とあるのには、全体のバランスを保つという深い意味があるのである。

五十則　技は極め尽くされなければならない

槍棍を獲《え》て弁《べん》ずることあたわざれば、なんぞ深きに処《お》らんや。

（槍や棍も、これを研究しようと努力をしないならば、どうして奥義に達することができるであろうか。）

『手臂録』では「槍に六品あり」として、六つの段階を示している。一が最もレベルが高く、六は初心のレベルである。以下に順に見ていくこととしたい。

その六は「力闘」である。「力闘」については、

「虚実なく、動けばすなわち硬きを犯す」

とある。太極拳では「虚実分明」を重視する。これが正しくなされていなければ、適切な陰陽の転換を得ることはできない。適切な陰陽の転換ができないということは、ここにもあるように「硬」となるということである。「硬」もテキストや門派により、いろいろな意味に使われるが、ここでは力んで動けない状態のことである。『手臂録』では、いったん動いたならば硬い動きとなってしまうと指摘しているわけである。

虚実が明らかに分けられていないとは、陰陽の転換が適切に行われていないということである。そうなると力と力がぶつかることになる。自分の中においても、初めの動作と次の動作がなめらかにつながらなくなる。相手をつけた場合には互いの力がぶつかることになるので、やはり「硬」という状況に入ることになるのである。太極拳や八卦拳も、初めの一から二年は特に虚実（陰陽）の転換を充分に行い硬さのとれるように稽古をするべきである。

その五には「偏長」があげられている。

「手足身目、深く一得あり」

つまり、手法、歩法、身法、眼法において一定の習熟を得た段階である。初学のうちに師から教えられたことを自分なりに会得することのできた段階である。このレベルにまで入ると、拳の深い味わいの一端に触れることができる。そしてより深いレベルに興味が持てるようになる。「偏長」とは「長にかたむく」ということである。けっしてバランスがとれているわけではないが、手法、歩法、身法、眼法においてある程度の習熟を得た状態である。さらに重要なことは、これらが協調されて用いられるということにある。ちなみに眼法とは、視線のことで、これにより力を導くのである。

その四は「守法」である。これについては、

「伝あれば必ず習いて、家門を替えず」

とある。「守法」のレベルでは、自分が学んでいない門派の教えがあれば、それを漏れなく学びたく思うし、他の門派の技を学ぼうとは思わなくなる。「法を守る（守法）」とは、門派の持つシステムが

よく理解されて、それを深く究めようとは思うものの、それ以外のシステムにことさらに興味を持つことはないというレベルである。門派というのは、あくまで奥義へ至る方法にすぎない。方法ばかりをいくら集めても奥義に近づけるわけではない。こうしたことが自得されてくるのである。

その三は「精熟」である。続いて「通微」「神化」となるが、このあたりからは非常に高いレベルに入ることとなる。さて「精熟」であるが、これについては、

「敏を悟るも、いまだ徹せず。功力はなはだ深く、獲《え》ること魯賢《ろけん》の如くも、学ぶによりて身に入る」

と説明している。「敏」を得ているもののまだ充分なレベルには達していない。しかし功力は非常に深いものがある。「敏」が充分ではないとあるのは、体の部分の修練はほぼ完成に至っているものの心に関しては足りないところがあるためである。「魯賢」とは、愚か者のように見える賢者のことである。これについては、一見して武術の達人のようには見えないが、学んだことはすぐに身につけてしまうような人と説明している。中国では愚か者のように見える賢者こそが真の賢者であるとの考え方がある。本当の賢者は一般に考えられているような「賢者」ではない。真の賢者は、同じく真の賢者でなければそれを知ることはできないのである。

ここで興味深いのは「学ぶによりて身に入る」とあるところである。学びが深くなるとはまさにこうした状態で、ただ記憶する、理解する、というのではなく、心と体に染み入るような学びが可能となるのである。これは武術に限ったことではない。あらゆる学びに共通して言えることである。

その二は「通微」である。「通微」とは微細なレベルを扱うことができるレベルである。推手では「通微」

のレベルを確かめることができる。ただ推手はあくまで「通微」のレベルを知ることができるだけで、「通微」のレベルそのものを上げるものではない。微細なレベルに通じることができるようになるには、あくまで套路の鍛錬をしなければならない。「通微」の説明は以下の如くである。

「いまだ全体へは宏《ひろ》がらず。独《ひと》り元神を悟り、一をもって百を御《ぎょ》して、摧破《さいは》せざるはなし」

微細なレベルに入ってはいるが完全ではない。言うならば「微」が自分の範囲に止まっていて相手に深く及ぶことがないのである。「元神」とは本来の自分のことである。先天の神のことである。我々の通常の意識は後天の神の働きによっているが、後天の神はいろいろな経験により本来の働きを失っている。これを浄化して本来の神の働きである元神を開くのが、心の修行の至るところである。「摧破」は闘いをして相手を破るということである。「通微」のレベルではまさに百戦百勝であるが、戦いそのものを避けることはできないのである。

最高レベルの一とされるのは「神化」である。「神化」については、呉殳《ごしゅ》も「我もよく所とすることなし」としている。自分はこの境地に至っていないので、よくは説明できないというのである。

「敵によって体をなす。水の波を生ずる如く、火の焰《ほのお》をなすが如し」

先の二の「通微」では微細な情報に通じる範囲が自分に限られていたが、「神化」ではそれが相手にも及ぶことになる。「神化」のレベルでは、水が風に吹かれて波をなすように、あるいは火が風を受けて炎を燃え上がらせるような状態となるのである。

波や炎はそれ自体が独自に動くのではない。風の影響を受けて動くのである。これは太極拳でいう

「己を捨てて、相手に従う（捨己従人）」である。ここで重要なことは、相手についていこうとするとどうしても遅れが出てしまう点である。相手に先んずることもなく遅れることもなく動く、これは「中庸」をもって動くということである。

太極拳や八卦拳のような心身を高度に、かつ緻密に開こうとする武術では、ただ「量」の稽古をしていればなんとかなるというものではない。やはり「質」に関しても相当な配慮を払う必要があるのである。それは「武理」をよく考えるということである。八卦拳の宮宝斎師爺は、

「八卦拳は、武力を求めず。武理を求める」

と教えられていた。武理を知れば自ずからどうしたらよいかが分かってくる。そうなると「量」の稽古もできるようになるということである。武術の理論ばかりを研究して「量」ではなく「質」のみの稽古に偏重する人もいて、「理論ばかりで実戦では使えない」とする批判も出たりするが、それはまだ武理が充分に理解されていないからである。本当に武理が分かっているのであれば、武術を深く体得するにはかなりの「量」の稽古をしなければならないことが自ら分かるものである。

五十一則　巧、霊、剛、智が得られなければならない

巧は熟より生まる。霊は快より生まる。剛は柔に生まる。智は拙より生まる。

（習熟することでうまくなる。物的な速さから、霊的な速さが生まれる。剛は柔から生まれる。智慧は愚かさから生まれる。）

かつて形意拳家の孫禄堂は、形意拳を鉄の玉、八卦拳を鉄糸の玉、太極拳を皮の玉としていた。一般には形意拳は「直」、八卦拳は「巧」、太極拳は「柔」をもってその特色が示される。「硬打硬進」の形意拳は「傍若無人」とも称される。これは周囲に人がいないが如く、相手の動きによって変化をすることなくひたすらに攻撃をするというニュアンスを示している。

八卦拳は、よく「巧」をもってその特色が表現される。八卦拳の動きは「閃転騰挪」に代表される。「閃」は、すばやく身をかわすことで、入身の動きのことである。「騰」は走ることであり、「挪」は前に進むということである。つまり「閃転」とは速い入身の動きのことである。つまり「閃転騰挪」とは、前に歩きながらの速い入身の動きをいう言葉なのである。こうした入身の動きが「巧」であるとされるのであるが、『渾元剣経』では、「巧は熟より生まる」

としている。習熟することで不可思議とも思えるレベルに達することができるというわけである。八卦拳ではひたすら円周上を歩く功法を中核としている。これは、じつはひたすらに入身の練習をしているのである。ただ中段の構えをとって円形に歩くだけの練習（走推掌）をただただ行うのである。こうして入身の練習を繰り返すことで「熟」が得られる。そうすれば「巧」を使うこともできるようになるのである。

日本に本格的な中国武術を伝えた王樹金は晩年、八卦掌の研究に熱心であったようで、ひたすら走推掌の練習をしていたらしい（王樹金の練習していた八卦掌では走推掌とは言わないで単換掌とする）。ある人が買い物に往く時に王樹金が円周上を歩いている姿を見て、帰る時も同じくその姿を見ることがあったと言われている。これほどに八卦門では走推掌（走圏とも）の修練を重視するのであるが、それはひとえに「熟」を得るためであり、「巧」を得るためなのである。

「霊」は太極拳でも強調される。「軽霊」である。滞りなく動くことを「霊」という。『渾元剣経』では、

「霊は快より生まる」

とある。「快」、つまり速いということから「霊」が得られるというのである。これは太極拳とは反対の練習となる、と思われるかもしれない。太極拳は、修練を積めば積むほどゆっくりとした動きになる。しかし、これは本当はスピードが落ちているわけではないのである。太極拳の「慢」は、その中に「快」を含んでいる。そうであるから、最終的には「軽霊」の境地に入れるのである。

太極拳における「快」は、動きに無駄をなくすことで得られると解されている。回り道をしないで

真っ直ぐに目的地にまで行った方が速く着けるのと同じである。できるだけ細かな部分までも無駄な動きをなくそうとするので、ゆっくりと動くことになるのである。そうであるから、実際の太極拳の攻防は非常に速い。攻撃を受けたとほぼ同時に攻撃した方の体勢が崩されていたりする。太極拳の「快」とは、細かに心身の動きを知ることの上にあるのである。そうした練習をしていれば、自ずから「霊」も得られる。ただ筋力を鍛えるだけでは、不可思議とも思える速さである「霊」の生まれることはないであろう。

以上の「巧」や「霊」は順の道であった。一方、以下に触れる「剛」や「智」は逆の道である。「熟」から「巧」が生まれるのは理解しやすい。また「快」から「霊」が生まれるのも当然であろう。しかし「柔」から反対とも言うべき「剛」が生まれたり、同じく「拙」から「智」が生まれるというのは一般には分かり難いことであろう。ちなみに「順の道」とは例えば「巧」は「熟」の延長線上にあり、また「霊」も「快」が深められることで得られることを言う。一方「逆の道」では「剛」には「柔」が含まれる、「智」には「拙」が同じくあることを言っている。

順の道は、外的なものには適用できるが、内的な部分では用いることができない。まさに内的な部分においては、逆の道が歩まれなければならないのである。

「剛は柔に生まる」

この場合の「剛」とは内的な「剛」である。内的な「剛」とは「柔」を含んだ「剛」のことである。ただの剛は筋肉を鍛えれば得られる。ただの柔もリラックスを体得すれば容易に体現できる。しかしこれでは肉体と心は分離したままである。真に使える「剛」は太極拳のような「柔」的な鍛錬を通してしか得られないものなのである。これを太極拳では「綿中蔵針」という。綿（柔）の中に針（剛）の含まれている状態である。つまり「剛」のない「太極拳は真の太極拳ではないのである。

「智は拙より生まる」

八卦拳では、ひたすらに走推掌を練る。太極拳では、ひたすらにゆっくりした動きを練る。こうした鍛錬ではたして実戦に対応することができるのか。「智」が「拙」から生まれるとは、いま自分が持っている限定的な知識を捨てたところから真の智慧は得られる、ということなのである。

自分が持っている限定的な知識を捨てるといっても、ただ走推掌や太極拳の套路を練っていればよいというのではない。これでは単なる妄信である。指導者の中には「三年やらなければ分からない」とか「十年やって見えてくるものがある」などと教える人もいるが、段階に応じて適切な情報を教えることがなければならない。ただ練習をしていればよいというのでは「智慧」は得られない。「智慧」を得るとは、套路から自分なりに師から学んだこと以外の情報を得ることのできるレベルに入ることである。愚直な稽古で基礎を固めることによってこそ真の「智慧」が得られるのである。こうした境地が大成と言われるレベルなのである。

五十二則　真伝を学べるように自分を磨かなければならない

倭の真伝を得て、余《よ》に授けるに吝《おし》まず。

（師は日本人の刀法の秘伝を得て、それを惜しむことなく授けてくださった。）

中国武術の世界では「一手を留める」ということが言われる。「一手を留める」とは最後の教えとして、もっとも秘中の秘の技を弟子に簡単には教えないでおくというものである。師も武術家であるから、弟子に負けるわけにはいかない。そこで最後のもっとも有効な技を教えないでおくとする、言うならば「伝説」である。どのような武術でも、この一手を知っていれば必ず勝つことのできる技というものはない。

よく小説などでは、最後の一手を知ろうとして弟子が師に試合を挑むといった設定も見られる。弟子は最後の一手を残してすべてを学んでいるわけであるから、もし師がその試合に勝とうと思うのであれば、秘密にしていた「最後の一手」を出さざるを得ないわけである。

ストーリーはいろいろと考えられる。師は「最後の一手」を出して弟子を倒す。しかしそれを別の弟子が盗み見ており云々といったこともあるであろう。かつては太極拳でも八卦拳でも、全体がどのようになっているのか、どのような技があるのかを弟子が容易に知ることはできなかったのである。

『秘本単刀法選』には、著者である程宗猷が師からの伝授について次のように記している。

「倭の真伝を得て、余に授けるに吝《おし》まず」

程宗猷の師である劉雲峰《りゅううんぽう》は、倭の単刀の真伝を得ていた。そしてそれをことごとく惜しむことなく自分に教えてくれた、というわけである。「倭」とは倭寇のことであろう。中国や朝鮮の沿岸を荒らした海賊である倭寇はかならずしも日本人に限るものではないが、『秘本単刀法』の内容からすれば、「倭の真伝」とは日本の剣術であったと考えてよかろう。そうした意味においては『秘本単刀法選』は、江戸時代以前の刀法を知ることのできる貴重な史料ということができる。

程宗猷は倭の刀法の優れていることを、当時名人として有名であった郭五刀《かくごとう》の刀法と比較している。程は実際に郭五刀を訪ねたのであった。

「後に親しくこれを訪《おと》ない、しかして劉と較べるに、すなわち劉の妙、郭に勝ること多し」

自分の習得した劉雲峰と郭五刀の技を較べたところ、自分の習得したものが優れていると認められたというのである。これは、当時の中国の刀法よりも日本のそれが勝っていた、という証である。その理由としては日本での武器は、圧倒的に日本刀・単刀に限られた形で発達したということが考えられるであろう。日本人は道具の工夫よりも技術を重視する傾向がある。ために日本刀の形は大体において同じである。日本刀を両手で使うのも、奇抜な刀法を考案するより一般的な武器をより精密に使うためであった。

「その技のほしいままなること倭奴による」

こうあるように、程宗猷も日本の刀法の「技」の優れていることに着目している。ここに「倭奴」とあるが、技を学ぼうとするのであれば、劉雲峰は日本人（倭奴）に師事したということになる。たとえ海賊であっても技が優れていれば学びたくなるのは、武術を求める者の「因果」あるいは「業」とでも言うべきものかもしれない。つまりさほどに、「倭奴」の刀法は優れていたのである。

「その用法、まただ身法をもって要となす。儇《すば》やく飛んで、超《こ》え距《いた》る。眼は快《はや》く、手も捷《はや》し」

ほかにも「左右跳跌《てつ》す」とあるから、右に左にとひらひら身をかわしながら闘うようなものであったらしい。香取神道流やタイ捨流、それに竹内流など、比較的古い形を残すとされる流派にはこのように大きく動く身法が見られる。実際に屋外で闘うには広い空間を自在に使いたいものである。そうしたところから、このように大きく動く身法も考えられたのであろう。「超」には「飛び上がる」「躍り上がる」といった意味がある。また具体的な戦法については、

「誘いてこれを撃つ」

とする。これは陰流の方法である。陰流より生じた新陰流では相手を充分に働かせることが重要としている。相手の動きを導き出して、入身を使うことでその裏をとるのである。こうした記述からすると「倭奴」の刀法は新陰流の流れをくんで、しかも野趣を残す感のあるタイ捨流に近いものであったのかもしれない。

「ただ、その理の槍と敵すべき、もしくは他器に遇《あ》うを述ぶれば、これ円転鋒利して、勝を制するは、

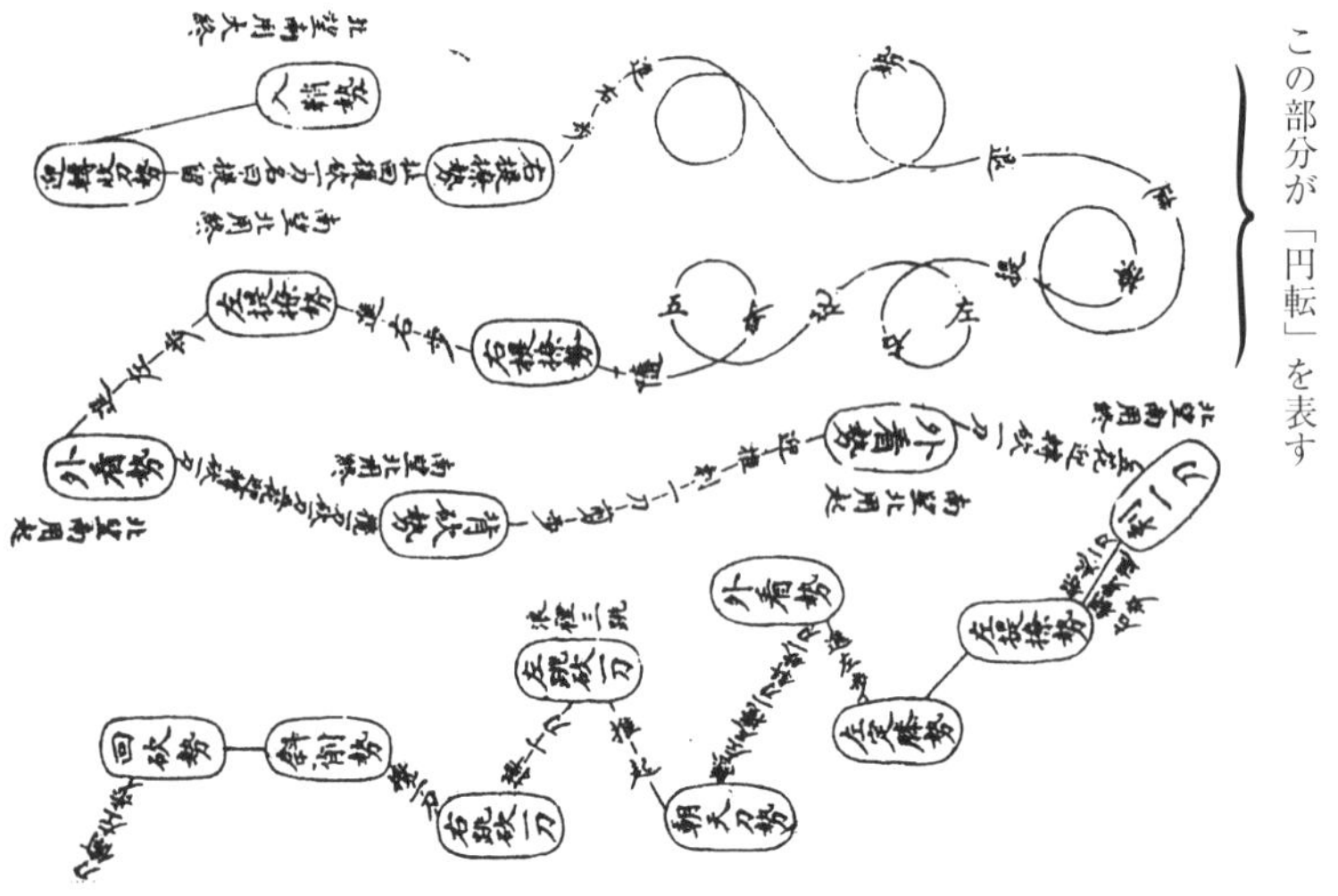

円転鋒利

また我にあるなり」

　ここに述べられている槍を相手とする「理」は、ほかの武器にも応用できるというのである。その「理」とは「円転鋒利」にあったのである。「鋒利」の「利」は、鋭いとか速いということである。そして「鋒」は刀のことである。つまり「鋒利」とは、刀を鋭く速く使うということである。では、どのように使うのか。それは「円転」である。新陰流のいう「転《まろばし》」である。こうしたことからしても、「倭奴」の剣術が陰流の系統であることが分かる。

　秘伝書には、よく「人にあらざれば伝えるべからず」の一文を見ることができる。これは、この教えを伝えるにふさわしい人物でなければ教えてはならないということである。また、同時に教えるにふさわしい人物であれば惜しむことなく教えるようにということでもある。自分が伝承している技術や情報は、自分のものであると共に先人たちから受け継がれ、また次の世代に渡さなければならないものでもある。

師は、「言うなら教えを受けてくれる弟子を待っているのである。よく「弟子に用意ができたら、師は自ずから現れる」と言うのも、師が常にふさわしい弟子を探しているからである。もし真伝を得ようと思うのであれば、ただ精進をして伝を受けるにふさわしい人物になればよい。そうすれば教えの師は自然と訪れてくれるのである。たとえ自国を荒らす海賊（倭奴）からも優れた技を学ぶ機会が得られるのである。武縁とはこうして結ばれる不思議なものなのである。

五十三則　修行とは悟りへの道である

いま専ら拳を攻《おさ》むるは、棍と同じく彼岸に登らんと欲す。

（いまただ拳の修行だけをしている者も、棍の修行をしている者と同じく、彼岸への道を求めているのである。）

少林寺は、かつては中国拳法の発祥地のように思われていた時期もある。ダルマが伝えた教えから中国拳法が派生したと信じられていたのである。ただ、中国拳法を象徴する存在として「少林寺」があることはいまも変わらない。ただし、少林寺でも古い時代には拳よりも棍が主として練習されていたようである。

ただ『少林棍法図説』の著された明代には、棍よりも拳を練る僧が増えていたらしい。「棍は少林をたかくす。いま寺僧多くは拳を攻《おさ》める。しかして、棍を攻《おさ》めず。何なるや」少林寺の棍は有名であるが、いまの寺僧は棍よりも拳を練る者が多い、それはどうしたわけなのかという質問である。林伯原の『中国武術史』によれば、明代の中期、後期ころには、著しい経済的な発展を受けて民間で武術を練習する人が急増したという。こうした時代の風潮を受けての質問であったのであろう。

「しかして拳はなお未だ海内に盛行せず。いま専ら拳を攻《おさ》むるは、棍と同じく彼岸に登らんと欲す」

拳も棍も、最後に到達しようとするのは「彼岸」である。そうであるから棍があまり行われなくなったからといって気にすることはないということである。林伯原は前掲書で「しかして拳はなお未だ海内に盛行せず」について「これは少林寺の拳法が、明末になってもいまだ完成への途中であり、少林棍と評価を等しくするまでには至っていなかったことを証明している」としている。あるいは単に一般的には棍や槍が実用と見なされていた時代であったということかもしれない。

少林寺は仏教を修めるところであるから、その修行者の修めるものは坐禅や経典の学習であっても、あるいは棍術、拳術であっても、同じく「彼岸」への道を求めるものでなければならないはずである。そこにおいて、拳と棍とはなんら区別されるべきものではないということである。

くわえて、少林寺の棍は「緊那羅王《きんならおう》の聖伝」であり「いまに至るも称して無上菩提となす」とする。特に棍は緊那羅王が教えた特別なもので、仏教の悟りである無上菩提に到達するための道であるからこれを重視するというわけである。ここにはダルマの教えという考え方は見られない。程宗猷は、少林寺の武術の修行が単に格闘術の修得に終始するものではなく、悟りという意識改革をめざすものとしてとらえているのである。

よく誤解されていることではあるが、武術は相手を倒すためのものではないのである。じつは相手を倒すことはそれほど難しいことではない。いくつかの基本的な方法を知っていれば充分である。あとは体力と気力があればよい。ランニングをしてサンドバックを叩くくらいで、実戦は充分に制することができる。

武術の流派が生まれるのは闘いの時代ではなく、闘いが終わった時代であるとされる。日本でも戦国時代が終わって、徳川の平和な時代になっていろいろな流派が生まれることになる。それは、相手を制する術としてまとめられるのである。活殺自在の状態で相手を制することは容易ではない。一定の技術がなければできるものではない。そこで技術を学ぶ必要が生まれ、技術体系としての門派、流派がまとめられることとなるのである。後には「相手を制する」ことの延長として、攻防が始まらないという状況が考えられるようになる。相手をもっとも確実に制するには、闘いが始まらないようにすることが第一であるからである。ここに心の問題が生まれてくる。「悟り」といったものとの共通の基盤が出てくるのである。ちなみに緊那羅王とは、仏教の守護神であるが、「歌神」とされている。けっして「武神」ではないのである。

少林寺の棍が「歌神」の教えたものとする伝承は実に興味深い。闘って相手を倒すのではなく相手をたおやかに制するニュアンスがそこに感じられるからである。少林寺の棍の修練を通して得られる「悟り」とはこのようにたおやかで優雅なものであったのであろう。

それはともかく、『少林棍法図説』で、時代によって変わらないものを悟りへの道であるとしているのはおもしろい。これはまったく現代にも通じる達見である。もちろん少林寺というフィールドがそうした見解を導き出したという側面もあろう。棍であるとか拳であるとかは時代により変わってもよいのであるが、悟りへの道だけは変えてはならないとする教えは、我々にとっても充分に傾聴すべきものである。

五十四則　謙虚、習熟を学び、驕りの気持ちを持ってはならない

心はよろしく謙たるべし。芸はまさに熟習すべし。志は驕矜《ごうきょう》することなかれ。

（心は謙虚であるべきである。技は習熟すべきである。気持ちに驕りがあってはならない。）

『渾元剣経』は不思議な本で、剣法の奥義に達したならば「天文、地理、人事」に通じることができるようになるとしている。天文は天の星々の様子ということで、これは地上での動きに応じていると考えられていた。こうした中から占星術も生まれてくるのである。古代の日本でも天文密奏《てんもんみっそう》ということがあって、天文博士は流れ星など星々に異変があった際には密かに天皇に知らせたのであった。天の異常は必ず地の異常として現れると考えられていたからである。つまり「天文」に通じるとは、自らの運命、未来に通じるということなのである。

地理とは土地の様子のことで、これは風水である。日本では風水という言い方が一般的であるが、中国などでは地理あるいは地理風水という。土地が住んでいる人の運気に影響を与えるとする考え方である。風水は古代の環境工学である。当然のことであるが、住みやすい環境を得ることが心身の健康に良いのであり、それをどのようにして探すのかをまとめたのが風水であった。「地理」に通じる

とは、良い住環境を知ることができるということである。

「人事」とは対人関係のことである。対人関係を扱う占術に遁甲がある。方位学である。我々は、会うべき人に会い、会うべきでない人には会わないでいたいものである。しかし、どうしても自分の意図したような出会いの得られない時には遁甲に頼ったりする。ただ方位学に凝ってかえって生活しにくくなったり、風水に頼りすぎておかしな住環境になったりする人が少なくない。

『渾元剣経』で述べているのは、剣の奥義を知れば、この世界にあって、自分がより良く活きる道に通じることができる、ということである。迷信や誤解の混入しやすい占術に頼らなくても、自然に自分の歩むべき道が見えてくるということである。

また、剣気は罡炁《こうき》であるともする。罡炁とは北斗七星の気のことであり、この星は道教では生命をつかさどると考えられている。つまり、自らの生命をもっとも大切にして活かすことのできる方法を知ることができるということなのである。罡炁については、次のように説明している。

「宇宙の間、また必ずこれを恃《たの》みて化育をなす。生殺の権宜《けんぎ》を主宰す」

つまり、罡炁とは「化育」の働きを持つものであり、万物の生き死にの権宜、すなわち生き死にの時をつかさどるものであるとするのである。つまり、生死と生成に通じることが、剣の奥義に通じることなのである。天文、地理、人事これらの根源にあるのが生死であり生成なのである。生まれること、成長すること、死ぬこと、これらは人生のすべてである。これらが適切に行われることで、その人の人生はあるべき状態が得られるのである。それでは、そうしたあるべき状態の人生を手に入れるにはどうしたらよいのであろうか。

「心はよろしく謙たるべし。芸はまさに熟習すべし。志は驕矜することなかれ」

心は謙譲でなければならない。技術には習熟しなければならない。驕りの気持ちを持ってはならない。このような態度で剣を練れば、自ずから天文、地理、人事へと通じる眼が開かれるのである。これは宇宙と一体となった、自然と一つになった境地、とすることもできるであろう。

こうしてみるなら、これは剣だけに限るものではないことが分かる。拳術においても、謙譲、習熟で驕らない態度で修行をすれば、自ずから宇宙の智慧ともいうべき英知に通じることが可能となるのである。ただ、これは知識とは別のものである。剣だけを練って天文学や地理学の知識がつくのではない。天地人の働きの「機」が分かるようになるのである。天とは時である。地とは場所である。人とは相手である。もっとも適切な時に、もっとも適切な場所で、もっとも適切な相手と出会うことができるようになるのである。ここにもっとも適切な生成の働きが生まれることになるわけである。

「始めて一身を安閑に保ち、事の紛糾することなかるのみ」

剣の奥義に通じれば自分の体を安全に保つことができ、あらゆる争いごとがなくなるというのである。これは最高の護身術でもある。今日、武術の修行を単なる攻防の技の習得としたなら、さほど意義あるものとも思えないことであろう。武術は、生きることのすべてに関わるものなのである。生きることの根源に関わる護身術なのである。また武術の最終的な意義もここにあるのである。

五十五則　技の奥にある智慧をも習得しなければならない

汝等よく潜神熟練すれば、おのずから時に、神智に至るべし。

（よく心を鎮めて熟練をすれば、自然に神智が得られるようにもなろう。）


神仙道では「天機を盗む」ことを第一と考える。あらゆるものは変化をしている。変化を望むのであれば、変化の機をとらえなければならないと教えるのである。ただし、変化の機はそれをとらえようとしてとらえられるものではない。これをとらえるには、自分が「中（中庸）」でなければならないのである。通常の修練で「中」を練っていれば、自ずから変化の機をとらえることが可能となる。

こうしたことを『渾元剣経』では、

「汝等よく潜神熟練すれば、おのずから時に、神智に至るべし」

と、述べている。修行者はただ「潜神熟練」をしていれば、自ずから「その時」が来て高いレベルに入ることができるというのである。「潜神熟練」とは、「神を潜《おさ》めて、練るに熟《じゅく》す」ということで、無為自然の中で充分な修練を行うということである。無為自然とは、ただひたすらに、ということである。一部には柔らかさを得るために太極拳を練って、威力を得るためには形意拳を、そして変化を知るために八卦掌を練るなどと言う人もいる。あるいは遠い間合いに対するために劈掛掌《ひかしょう》を、近い間合いには八極拳を、というような練り方を好ましいとする人もいる。

こうした考え方は、西洋的な部分が全体を構成するという発想によるものである。しかし、中国では「一」という考え方がベースとなっている。太極拳も「一」であり、形意拳も「一」なのである。「一」とは全体ということである。真の太極拳においては、威力を練ることもできるし、変化を体得することも可能なのである。また、真の形意拳の中には柔らかさも変化も含まれている。そうであるから太極拳を練る者が参考程度に形意拳や八卦掌を学ぶことはあるであろうが、これがなければ太極拳が完成しないということはない。ましてや他の武術をともに学ぶことで自己の太極拳のレベルがあがる、ということはないのである。

しかし、こうしたことは「一」を得た太極拳や形意拳、あるいは八卦拳でなければなすことはできない。不完全な体系の「太極拳」や「形意拳」では、一つのシステムですべてをカバーすることはできないのである。ために、中国武術では「真伝」ということが重視されたのである。

興味深いことに、日本の武術は「卒業」を重視し、中国では「入学」を重んじる。つまり、日本では免許皆伝のように体系のすべてを学んだことが重要と考えるのである。一方、中国では入室弟子かどうかが問題となる。中国武術の世界では、ただ教えを受けるだけの人を「学生」という。「学生」の中で門派の奥義を学ぶに足る人物と認められると、拝師という儀式をして入室弟子となるのである。その中でも一番最初に弟子となった開門弟子、そして最後に弟子になった関門弟子が重要と考えられている。開門弟子は弟子の中でもっとも古株であるし、関門弟子は師の一生の精華を受け継ぐ人物と見なされるからである。

こうした日中の違いをあえて言うならば、「形」の伝授と「理」の伝授にあるとすることができるのではなかろうか。ただ「形」は時代によって変化をする。そうでなければ武術が実用性を保つことはできない。また、形はあくまで理の現れであるに過ぎない。武術の門派において普遍性を持つのは形ではなく理なのである。「一」とは、統一した理を有している武術システムのことである。

「潜神熟練」をしていれば、ある時に自ずから神智を悟る時がくると教えているが、神智とは拳の理にほかならない。套路は套路で教えられ、もちろん拳の理の教えも受けるのであるが、この二つが一つに融合する時、神智とも言うべき「悟り」の境地が得られるのである。

「動静は皆、自然たり。勉強するにあらざるなり」

真の太極拳、形意拳、あるいは八卦拳、そのほかの武術でも、真伝にあっては、その動きはすべてが「自然」である。これは、本来は人が生まれながらに持っている動きでもある。人は、後天的な習慣や知恵によって先天の心身の働きを見失っている。これが太極拳や八卦拳の考え方である。そうであるから、「自然」な動きを練っていれば自ずから自分の本来あるべき心身の働きを悟る時がくるのである。

それは忘れていたことを思い出すことである。神智とは新しく学んで得られるのではなく既に自分の中にあったものへの悟りなのである。「自然」ということへの悟りなのである。中国語の「勉強」とは、むりやりに行うということである。むりやりに行うことがなければ、すべては自然の動きとなるのである。しかし、我々は知らないうちにむりやりの行為をしてしまっている。これに気づき是正を行う方途として太極拳や八卦拳があるのである。

五十六則　温和を得ることが、修行である

猛烈の習を化浄し、一片温和の気象を効成す。
（過度なる習慣を止めて、温和な気持ちでいるようにする。）

孔子は、非礼な訪問者にたいして病であるとして会うことを拒んだことが『論語』（陽貨）に記されている。そして同時に「瑟《しっ》を取りて歌い、これをして聞かしむ」ことをしたとある。つまり、瑟（おおごと）を弾いて歌をうたったというのである。これについては、本当は病気が理由で会わないのではない、非礼な訪問であるから会わないのであることを示すためのパフォーマンスであったとされる。ただ、これを単に仮病であることを分からせるためだけとしたのではよろしくないであろう。礼にのっとった音楽を聴かせることで礼を知らしめた、ととらえることも可能なのではなかろうか。『渾元剣経』には、

「静もって琴を撫で、性真を涵養す」

とある。『古事記』には、仲哀天皇が琴を弾いて神功皇后に神懸かりをさせる記述がある。このように琴の音色は人をして「静」を得させる働きがあったのである。よく鎮魂、帰神というが、鎮魂は「静」を得ることであり、それは深くなれば自ずから神懸かりになるのである。この時の「神」とは人の持っ

ている根源の智慧のシンボルである。剣を練っていれば、天文、地理、人事に通じるとあるのと同じである（五十四則）。ただ「静」を得ることはなくても、意識状態が変化することがある。この場合には正しい智慧を得ることができない。ために「沙庭《さにわ》」をして正しい神懸かりであるかどうかを判断する必要もあったのである。

剣の修練も同様で、正しい智慧を開くように修練をしなければならない。智慧を開いたと思い込んでしまう危険を避けるために、『渾元剣経』では謙譲であることを重視するのである。

また剣を練ることで、「性真」を涵養することができるとある。「性真」の「性」とは本来の自分のことであるから、「真性」とはヨーガなどでいう真我のことである。真我を知ることで、我々は根源的な智慧を得ることができるのである。

「猛烈の習を化浄し、一片温和の気象を効成す」

真我、つまり性真を知るとは、また荒々しい気性を浄化して温和な性格になることでもある。人が本来持っている性格や気性は「静」であり、「温和」であるとするわけである。こうした性質を本来持っているのであるから、それを発現できるようにするのが剣の修練なのである。言うまでもないことであるが、太極拳や八卦拳においても性真の発現を目的としている。

性真を出現させるためには、命真も調えられなければならない。これを神仙道では、性命双修という。性真と命真は切り離すことのできないものであり、内的な修行と外的な修行はともに適切な均衡をもって行われなければならないのである。性真、命真の修行において、もっともベースとなるのが

「温和」である。これを外しては正しい修行はできない。

「甚《はなは》だ招数を空しく演ずるなかれ。さらにすべからく奥旨に深参すべし」

ただ、多くの套路を練習するだけではいけない、より深く奥義を研究しなければならないというのである。時間には限りがある。また、優れた套路も少なくない。しかしそうした中にあって、より気をつけなければならないことは、技を深めるということである。ここに多くの力が費やされなければならない。套路の奥義に達することで、套路を超えた英知を我々は得ることができるのである。また技を深めるとは、自分を深めることでもある。自分の内面を掘り下げて本来の自分を見つけることである。

太極拳や八卦拳でおもしろいのは、最終的な境地に至るプロセスはいろいろに説明されるものの、最後にどのような境地に至ればよいのかが具体的に示されていないところである。そのために戸惑ってしまう人もいる。これは、まさに「神智」を得て自分で攻防や生活のスタイルを構築すればよいのである。套路の中の好きな動作、仏教でもキリスト教でも、あるいは古今東西の思想書や文学書、歴史書、または自然の風景など、自分が好ましいと感じたことを蓄積させていけばよいのである。この自分が感じたことこそが「性真」を涵養する基となるのである。

常に心も体も「温和」でいられるような境地を模索していくのが修行なのである。その過程において「神智」も徐々に開けてくるものである。自分の境地は他人に証してもらう必要はない。ただ自分で楽しめばよいのである。

五十七則　天と人と地は、一体とならなければならない

実にもって天地の清寧《せいねい》の精と神を借り、霊をもって霊を補うは、いわゆる三才を渾じて一に致すなり。

（天地の清くやすらかな精と神を受けて、自分の霊を補う。ここに天地人の三才は、一つになるのである。）

中国の文人の理想は、しばしば絵画に描かれている。深山幽谷の梅林の中に一庵を設けて、滝の音を聞きながら書画をめでて琴や碁を楽しむ生活である。実際にこうした環境で暮らすのは不便でしかたがないように思えるが、それはそれとして、自然と一体となってこのような楽しみを味わう生活は、まさに望んで得がたいものではある。

自然と一体となった静なる境地を求めたのは、なにも文人だけではない。武術の修行者も深山幽谷で拳を練ったとされる。八卦拳の董海川《とうかいせん》は、九華山で道士から八卦拳を習ったと言われている。ともかくにも、雄大な自然の中でそのエネルギーと一体となることは、武人、文人を問わず憧れるところがあったのである。

「実にもって天地の清寧の精と神を借り、霊をもって霊を補うは、いわゆる三才を渾じて一に致すなり」

『渾元剣経』では、天地清明の精と神を得ることが修行の大きな眼目とされている。これは太極拳や八卦拳においても同様である。ちなみに同書では、天地の清寧の精と神を得る方法として次のようなものをあげている。

「それ罡《こう》を呑み、斗を持し、符を飲み、呪を持し、殻を開くなどの法に及ぶ」

これらの方法をして、天地の清寧の精と神を得る、とするのである。

「罡」とは、北斗七星のことであり、「斗」も同じである。これらは、北斗七星への呪術を行うことで天地の清寧の精と神を得ようとするものである。「罡を呑み」とあるのは、北斗七星を映した水を呑んだり、北斗七星を呑む呪術的なパフォーマンスを行うようなことである。「斗を持し」は、北斗七星を書いたお守りのようなものを持つことであると考えられる。七星剣という剣もあり、これには刀身に北斗七星が彫ってある。こうした剣を携帯することも「斗を持し」ということになろう。

「符を飲み」は、護符を飲むことである。「呪を持し」は、まさに呪術を行うことである。そして「殻を開く」とは、穀物を摂らないで心身を浄化しようとする辟穀による修行である。こうした実践を通して、天地の清寧の精と神を得ることができるとするのである。

ここで重要なのは、「天地の清寧の精と神」とはどのようなものであるのかという点である。じつは「天地の清寧の精と神」は、北斗七星のエネルギーを取り入れる類のことではないのである。自分の体内にある「清寧の精と神」を開くことなのである。自分の体内にある清寧な精と神を開くために、星祭りなどの呪術的な行為を行うこともあるわけである。こうした呪術的な行為はあくまでシンボルであって、それ自体に特別な意味があるわけではない。大切なことは、「その気になる」ということである。清寧なエネルギーを受けたとイメージすることで、自分の体の中の清寧なエネルギーが覚醒するのである。

『渾元剣経』にあるように、清らかで安らか（清寧）なエネルギーのイメージをもって三才を一つにすることが大切なのである。三才とは天人地である。人にあっては、頭部が天、胴体が人、腰足が地となる。そして「天」では神が、「人」では気が、「地」では精が養われる。こうした中にあって「天」で清寧なる神を開き、「地」で清寧なる精を開くのである。これは、上丹田（天）と下丹田（地）を開くことでもある。ここで重要なのが既に再三出てきた「清寧」である。「清寧」とは清らかで寧《やす》らかなことである。これがあって初めて丹田は開かれるのである。天人地の三才は一つになるのである。

そして、三才の合一を得た境地については次のように述べている。

「ただ剣のなるならず、道もまた備《そな》わる」

清寧の精と神が覚醒するということは、ただ武術において大成を得るばかりではなく、道の悟りをも得ることができるとするわけである。武術の修行とは、攻防の技を身につけることであり、また健康法でもあり、思索的な行でもある。これらの一つを欠いても、太極拳や八卦拳の修行は完成しない。それぞれが、個々人にあった均衡を保って修されるのが好ましく大成への近道となるのである。

あとがき

今回使用したテキストは、『中国古典武学秘籍録』上巻（馬力編　人民体育出版社　二〇〇六年）によった。ほかに解説では『明清武術古籍拳学論析』（余水清、江百龍、林鑫海　人民体育出版社　二〇〇八年）や『中国武術史』（林伯原　五州出版社　一九九六年）などを参考にした。以下、簡単に使用したテキストについての解題を記しておこう。

『武編』は、明の唐順之（一五〇七～一五六〇年）が著した兵法書である。また唐順之は、兵部郎中督として倭寇の平定にも功績があったとされる。こうした実戦体験をもとに、晩年は著作にはげみ、『武編』のほかに『荊川稗編』『荊川先生文集』などを残している。清の時代に中国全土の優れた文献を集めて後世に残そうとした事業に「四庫全書」の編纂があるが、『武編』はその中にも収められている。「四庫全書」版はインターネットでも公開されている。

『陣紀』は、明の何良臣（一五〇六～一六〇〇年）の著した兵法書である。『陣紀』のほかには『軍機』『利器図考』『制勝便宜』『剣経』を著すだけではなく、詩作にも優れており『乾坤集（詞賦集）』『更剣斎稿』などの文学作品も残している。本書も「四庫全書」に優れた兵法書として収められている。

『剣経』は、明の兪大猷（一五〇三～一五八〇年）の著した武術書である。兪は幼い頃より学問に励んだほかに、騎射や棍、鈀《いくさぐるま》などにも長じていたとされる。倭寇に対してよく戦い『紀効新書』を著したことで知られる戚継光とならんで「兪龍戚虎」と称されたという。著作には『射法』『正気堂集』などがある。

『秘本単刀法選』は、明の程宗猷の著した武術書である。程宗猷（一五六一〜不明）は、初め倭冦の刀法を学び、のちに少林寺の棍法を深く修行した。また古代の武器を発掘して自ら弩を考案したこともあったとされる。著作には弩を解説した『蹶張心法』や『長槍法選』『少林棍法闡宗』などがあり、これらと『少林単刀法選』をあわせて『耕余剰技』と題して刊行さている。

『少林棍法図説』は、明の程宗猷が著した武術書である。少林寺は中国武術のシンボルとも言うべき存在であり、「中国武術は少林寺に発する」と言われることもある。また日本では少林寺拳法などと言って拳法で知られているが、歴史的には棍法の方が有名であった。本書は少林寺の棍法のエッセンスを伝えるものとして有名である。

『渾元剣経』は、明の畢坤の著した武術書である。畢坤の詳細はよく分からないが、一七世紀あたりの人物のようである。『渾元剣経』は、道教の修行法とも深い関連を有しており、一般的な剣術の修行というよりは道教の修行法としての剣術というニュアンスがある。特異な武術書と言うことができよう。

『内家拳術』は、清の黄百家（一六四三〜一七〇九年）の著した武術書である。黄百家は、『明史』の編纂にもたずさわり『明史』の「歴志」を担当した。また『天文志』も著している。幼い頃から武術が好きで王来咸から内家拳の教えを受けた。内家拳法は、宋の頃に張三豊の創始した十三勢が南伝したものとされる。北伝したものは、のちに王宗岳によって十三勢が陰陽により構成されているとして、太極拳として編まれることとなるのである。黄百家には『内家拳法』のほかに『句股矩測解原』『王龍異同』『体独詩抄』『明文授読』『失余詩稿』『学箕三稿』などの著作がある。

『手臂録』は、清の呉殳（一六一一～一六九五年）が著した武術書である。呉殳は、異民族である清朝に仕えることを良しとせず、生涯にわたって清貧な暮らしをしたとされるが、博学多才で多くの人とも交わりを持った。『手臂録』は槍術の名著として広く知られている。ほかに『無隠録』などでも槍術を論じている。

ここに取り上げた文献は、いずれも有名なものであるからネットで公開されているものもあるし、中国書を扱っている書店では比較的容易に入手できる。

［目録］

十三則、渾元剣経
十四則、陣記
十五則、少林棍法図説
十六則、少林棍法図説
十七則、手臂録
十八則、内家拳術
十九則、少林棍法図説
二十則、剣経
二十一則、手臂録
二十二則、武編
二十三則、手臂録
二十四則、手臂録
二十五則、秘本単刀法選
二十六則、手臂録
二十七則、剣経
二十八則、剣経
二十九則、手臂録
三十則、剣経
三十一則、陣記
三十二則、渾元剣経
三十三則、武編
三十四則、手臂録
三十五則、渾元剣経
三十六則、手臂録
三十七則、渾元剣経
三十八則、渾元剣経
三十九則、陣記
四十則、渾元剣経
四十一則、渾元剣経
四十二則、手臂録
四十三則、秘本単刀法選
四十四則、剣経
四十五則、渾元剣経
四十六則、渾元剣経
四十七則、渾元剣経
四十八則、渾元剣経
四十九則、渾元剣経
五十則、手臂録
五十一則、渾元剣経
五十二則、秘本単刀法選
五十三則、少林棍法図説
五十四則、渾元剣経
五十五則、渾元剣経
五十六則、渾元剣経
五十七則、渾元剣経

清水 豊◉しみず ゆたか

一九六〇年生まれ。十代より八卦拳、楊家太極拳、合気道、大東流、新陰流、立身流などを修行する。また中央大学、国学院大学大学院、国立台湾師範大学などで神道や中国思想の研究を行う（専攻は思想史）。大学院在学中から植芝盛平の神秘思想に関する論文を多数発表。著書に『太極拳秘術』『植芝盛平の武産合気』（共に柏書房）『古事記と植芝盛平―合気道の神道世界』『神仙道と植芝盛平―合気道と太極拳をつなぐ道教世界』『「むすび」の武術と植芝盛平―合気道・太極拳・八卦拳』『老子と太極拳』（共にビイング・ネット・プレス）がある。現在は執筆のかたわら八卦門両儀堂で太極拳、八卦拳、合気之術の教授を行っている。

八卦門両儀堂のホームページ
http://www.baguamen.com/

カバー作品：薬師寺一彦
表：「Spirit of O」　裏：「水の祈り」
（協力：Studio HARAKARA）

中国武術秘訣
―太極拳・君子の武道―

2015年10月10日　初版第1刷発行
2018年10月11日　初版第2刷発行

著　者――――清水 豊
発行者――――野村敏晴
発行所――――株式会社 ビイング・ネット・プレス
〒252-0303 神奈川県相模原市南区相模大野 8-2-12-202
電話 042-702-9213
装　丁――――山田孝之
印刷・製本――――モリモト印刷株式会社

ISBN978-4-908055-09-6 C0075 Printed in Japan